ISOLDE BAZLEN MARKUS WITTENZELLER

Balkon & Terrasse

EINFACH NACH REZEPT: TOPFGÄRTEN ZUM NACHGESTALTEN

ISOLDE BAZLEN MARKUS WITTENZELLER

Balkon & Terrasse

EINFACH NACH REZEPT: TOPFGÄRTEN ZUM NACHGESTALTEN

Inhalt

Lassen Sie sich inspirieren:
Hier finden Sie Pflanz-Ideen, die
Balkon & Terrasse schöner machen.

Level leicht ✻ mittel ✻✻ anspruchsvoll ✻✻✻

Zehn Ideen für Balkon & Terrasse

Ein schattiges Plätzchen auf dem Balkon hat im Hochsommer seine Vorteile. Entspannen Sie zwischen Fuchsien und anderen Schattenliebhabern.

Nicht der Garten, sondern Balkon oder Terrasse sind die Orte, an denen wir uns während der warmen Jahreszeit am häufigsten im Freien aufhalten. Hier finden wir Ruhe, treffen uns mit anderen Menschen, feiern und lassen es uns vor saftig grüner und üppig blühender Kulisse einfach gut gehen.

Doch jeder Balkon und jede Terrasse ist anders. Einige verschwinden im schattigen Grün des Gartens, andere sind den ganzen Tag über der Sonne ausgesetzt. Aber mit der richtigen Auswahl an Pflanzen lässt sich jeder Ort in eine kleine Oase verwandeln. Und nicht nur die Standorte sind verschieden, sondern auch die Geschmäcker. Die einen mögen es naturnah, andere trendig-chic, für wieder andere kann es gar nicht romantisch genug sein. Die zehn Projekte in diesem Buch bieten für jeden Geschmack eine Gestaltungsidee. Auch Naschkatzen und Kräuterliebhaber kommen auf ihre Kosten.

Nicht nur für Könner

Um die Ideen umzusetzen, brauchen Sie kein Gartenprofi zu sein. Das kleine Blümchen-Symbol im Inhaltsverzeichnis zeigt Ihnen den Schwierigkeitsgrad des jeweiligen Projekts an. Alle Vorschläge sind auf Balkon und Terrasse gleichermaßen realisierbar. Entscheidend ist der Standort, der in jedem Kapitel gleich neben der Einkaufsliste angegeben ist.

Jedes Kapitel beginnt mit einem ganzseitigen Foto, das die fertige und eingewachsene Bepflanzung zeigt. Anschließend wird die Gestaltungsidee auf zwei Seiten näher beschrieben. Das Wichtigste wie Platzbedarf, Standort und Schwierigkeitsgrad steht in Kurzform gleich am Anfang. Hier finden Sie auch die Einkaufsliste für die Pflanzen und das Material. In die Gestaltungen fließen vor allem gängige und bewährte Sorten ein. Sie sind in Gärtnereien und Gartencentern erhältlich. Für die verwendeten Gefäße finden Sie im Anhang einige Bezugsquellen.

Die Anordnung der Gefäße und der Pflanzen können Sie dem Pflanzplan entnehmen.

Möglicherweise werden die Maße auf Ihrem Balkon oder der Terrasse von den angegebenen Maßen im Pflanzplan abweichen. Das ist nicht schlimm, denn alle Projekte sind so angelegt, dass Sie die Gestaltung an Ihre Situation anpassen können, indem Sie einfach einige Gefäße wiederholen oder weglassen.
Nehmen Sie beim Einkauf auf jeden Fall die Liste im Buch mit. Hier sind die Pflanzen mit ihren botanischen und den gängigsten deutschen Namen verzeichnet. Falls Sie die angegebenen Arten oder Sorten nicht bekommen, suchen Sie sich einfach andere Sorten oder Pflanzen aus, die Ihnen gut gefallen, oder lassen sich von einem Gärtner vor Ort beraten.

So entsteht der Blütentraum

Im Abschnitt Anlage erfahren Sie, wie Sie die Gestaltungsidee in die Tat umsetzen. Die Bildfolgen zeigen Ihnen alle Handgriffe Schritt für Schritt. Es folgen kurze Pflanzen-Porträts, in denen die verwendeten Pflanzen vorgestellt werden. Gleich zu Anfang stehen Angaben zu Blütezeiten und zur Wuchshöhe. Die angegebenen Werte sind immer als Durchschnittswert zu verstehen. Abweichungen nach oben und unten sind möglich. Symbole neben den Fotos geben einen schnellen Überblick über Lichtansprüche oder Giftigkeit der jeweiligen Pflanzen. Auch Symbole für besonders pflegeleichte, duftende und winterharte Pflanzen finden Sie hier. Das Gießkannen-Symbol kennzeichnet Pflanzen mit besonders hohem Wasserbedarf.
Auf der Doppelseite zur Pflege werden Sie schnell erkennen: Die Bepflanzungen sind pflegeleicht und machen wenig Arbeit. Regelmäßig gießen, düngen und Verblühtes entfernen – damit ist es in den meisten Fällen getan. Auf diesen Seiten finden Sie auch Tipps zum Überwintern mehrjähriger Kübelpflanzen und erfahren, was Sie tun können, um Pflanzenkrankheiten vorzubeugen, zu erkennen und zu behandeln – sofern es bei der betreffenden Pflanzung etwas zu beachten gibt. Die meisten Gestaltungen schließen mit einer Bepflanzungs-Alternative ab. Hier wird die ursprüngliche Gestaltungsidee noch einmal mit anderen Pflanzen umgesetzt – mal ist es ein anderes Farbenspiel, mal stehen andere Leitpflanzen im Vordergrund. Zwischen den Projekten, auf den grün unterlegten Seiten, werden allgemeine Themen wie Pflanzenschutz, Düngung oder Sicherheit behandelt.

Die Fantasie spielen lassen

Durch das gesamte Buch zieht sich eine Idee: die Inspiration. Lassen Sie sich anstecken von den hier beschriebenen Gestaltungsvorschlägen. Um Ihnen den Einstieg zu erleichtern, sind die Ideen genau ausgearbeitet, damit Sie sie 1:1 umsetzen können. Sie können die Vorschläge aber auch kombinieren oder nach Belieben abwandeln und Ihre eigenen Ideen entwickeln. Mit etwas Übung und Fantasie schaffen Sie sich so einen Ort, an dem Sie entspannen, die Ruhe genießen und Kraft tanken können.

Wer es modern liebt, edel und schlicht, kann die Terrasse architektonisch-linear gestalten. Statt üppiger Fülle lenken klare Formen und große Einzelblüten die Aufmerksamkeit auf sich.

Osterspaß: Lisa im Sammel-Fieber

AN DER FARBE GELB KANN MAN SICH IM FRÜHLING GAR NICHT SATT SEHEN. GELB STEHT FÜR SONNE, WÄRME UND LICHT. EINE PRACHTVOLLE KULISSE FÜR DAS OSTERFEST.

1

Frühling auf dem Balkon

Leuchtender Auftakt in die Saison

Das braucht man dazu:

PFLANZEN

a) 20 × Alpenveilchen-Narzisse *Narcissus cyclamineus* 'Tête à Tête'
b) 3 × Efeu *Hedera helix* 'Dealbata'
c) 1 × Forsythie *Forsythia × intermedia* 'Lynwood'
d) 20 × Narzisse *Narcissus*-Hybride 'Carlton'
e) 20 × Narzisse *Narcissus*-Hybride 'Suada'

ZUBEHÖR

4 Pflanzkörbe (20–30 cm Ø), 1 Pflanzkorb (50 cm Ø), 1 flacher Pflanzkorb (20 cm Ø), 2 Keramiktöpfe, passende Kunststoff- oder Tontöpfe, Blumenerde, Kübelpflanzenerde, 1 Eimer grober Sand, Tonscherben

KURZINFO

Anlage	November
Standort	sonnig
Platzbedarf	8 m²
Zeitbedarf	1 Std.
Pflegebedarf	15 Min./Woche
Level	❄

Schon die ersten warmen Tage im Frühling lassen die Natur zum Leben erwachen. Frühblüher schicken ihre Blüten vor, und an den Bäumen und Sträuchern zeigen sich die ersten Blattknospen. Kein Wunder, dass die Stimmung steigt, denn nachdem in den Wintermonaten Dunkelheit und kalte Temperaturen vorherrschten, kommen endlich wieder Farbe und Licht ins Spiel. Tatsächlich reichen bereits die länger werdenden Tage und die veränderten Lichtverhältnisse, und unser Organismus stellt sich um.

Der Frühling strahlt gelb

In dieser Pflanzung dominiert Gelb als Blütenfarbe. Denn wenn am Ende des Winters noch Braun- und Grautöne in der Natur vorherrschen, die Bäume kahl sind und die Wiesen noch fahl vom Schnee und vom Frost, dann wirkt die Farbe Gelb gleich doppelt positiv aufs Gemüt.
Da ist es nicht verwunderlich, dass in so vielen Gärten Forsythien gepflanzt werden. Ihr üppiges Gelb strahlt je nach Klima und Region oft schon im März bis zum Nachbarn hinüber. So ist die Forsythie hierzulande zu einem Symbol für den Frühling geworden. Kurze Zeit später folgen schon die Narzissen oder Osterglocken mit ihrer

gelben Pracht: Wenn sie ihre Blüten in die Sonne halten, ist Ostern nicht weit.

Pracht in Körben

Obwohl die Frühlingsblüher sich im Boden am wohlsten fühlen, können Sie sie auch problemlos in Töpfen auf die Terrasse oder den Balkon holen. Wichtig ist, dass die Zwiebelblumen im Herbst gepflanzt werden. Nur wenn die Zwiebel eine Zeit lang der Kälte ausgesetzt war, blüht die Pflanze im Frühling.

Auf dem Balkon oder der Terrasse können Sie die Blütezeit der Narzissen sogar noch vorverlegen. Dazu stellen Sie die Körbe, sobald sich an den Forsythien gelbe Spitzen zeigen, einfach drei bis vier Wochen an einen warmen Ort. So blühen Narzissen und Forsythien zeitgleich, was in der Natur eher selten vorkommt.

Damit die Körbe besonders schön zur Geltung kommen, sollten Sie Gruppen mit unterschiedlich hoch wachsenden Zwiebelblumen zusammenstellen. Legen Sie in jedes Gefäß nur eine Sorte. Die niedrigsten Pflanzen wie die Alpenveilchen-Narzissen kommen ganz nach vorn. Im hinteren Bereich, z. B. an einer Wand, steht die Forsythie. Zwischen diesen Extremen vermitteln die höheren, großblütigeren Narzissen 'Suada' und 'Carlton'. Der Efeu sorgt bei all den gelben Blüten für grünen Blattschmuck. Eine solche Staffelung nach Höhe ist ein einfacher Trick, kleinere Flächen effektvoll zu gestalten.

Wenn Sie die angegebenen Narzissen-Sorten nicht bekommen, dann suchen Sie sich andere überwiegend gelbe Sorten. Kombinieren Sie frühe und späte Sorten, dann kommen Sie möglichst lange in den Genuss der Blüten. Wenn Sie es bunter mögen, können Sie auch einen Korb mit Tulpen oder Hyazinthen bepflanzen. Lassen Sie sich von den Katalogen der Blumenzüchter inspirieren (→ Seite 156–157).

Sehr harmonisch zum leuchtenden Gelb wirken graue Pflanzkörbe aus Weide. Sie spiegeln die um diese Jahreszeit noch sehr zurückhaltende Natur wider, und die Blüten kommen gut zur Geltung.

Blütenrausch für den Sommer

Die Forsythie schmückt ab April mit ihrem Blattkleid den Balkon. Sie bleibt das Jahr über im Kübel stehen. Anders die Frühlingsblüher, die nach der Blüte wenig ansehnlich sind. Wenn Sie einen Garten haben, können Sie die Zwiebeln aussetzen und verwildern lassen. Dann verwenden Sie die Pflanzkörbe einfach, um sie mit Sommerblumen zu bepflanzen. Hier sind der Fantasie keine Grenzen gesetzt.

Die Auswahl der Pflanzen richtet sich nach den Bedingungen auf dem Balkon oder der Terrasse. Wenn Sie die Arten und Sorten geschickt kombinieren, zeigen sich bis in den Herbst hinein Blüten. Eine hübsche Kombination aus Duftpflanzen und Sommerblühern finden Sie auf Seite 16–17.

INFO – Blütenpracht im Handumdrehen

Ab Februar machen in den Gärtnereien blühende Zwiebelpflanzen Lust auf Frühling. Sollten Sie im Herbst vergessen haben, Zwiebeln zu pflanzen, besorgen Sie sich jetzt einfach die vorgezogenen farbenfrohen Pflänzchen.

NARZISSENPRACHT SELBSTGEMACHT

Narzissen lassen sich wie viele andere Zwiebelblumen im Topf leicht selber anziehen. Sie brauchen dazu nur etwas Zeit und den richtigen Platz zum Überwintern. Ihre gelbe Pracht entfalten sie nämlich nur, wenn sie den Winter über kühl stehen. Die Kälte bewirkt, dass sich die Narzisse im Frühling in die Höhe streckt. Eine weitgehend frostfreie Garage oder ein kalter Keller mit Temperaturen von 2–9 °C sind ideal.

Sie können die Gefäße mit den Zwiebeln auch im Gartenboden vergraben und im Frühling herausholen. Ein offenes Überwintern der Töpfe auf dem Balkon ist nicht empfehlenswert, da Narzissen – anders als Tulpen – frostempfindlich sind. Frost sowie Temperaturen über 10 °C, wie sie in warmen Kellern von Mietshäusern herrschen, behindern den Austrieb im Frühling.

Anfang März dürfen die Narzissen dann aus dem Winterquartier auf den Balkon umziehen. Das ist auch der Zeitpunkt, zu dem Sie Forsythie und Efeu zukaufen. Setzen Sie die Forsythie in die festere Kübelpflanzenerde in einen Topf, der nur wenig größer ist als der Wurzelballen.

Pflanzzeit ist im Herbst

Die richtige Pflanzzeit ist der Spätherbst, also Ende Oktober bis Anfang November. Später sollten Sie nicht mehr pflanzen, auch wenn es die Witterung erlaubt. Die Zwiebeln bekommen sonst nicht mehr genügend Kälte mit und treiben im Frühling eventuell verspätet aus.

Als Substrat ist normale Blumenerde, gemischt mit etwa 10 % Sand optimal. Der Sand macht das Substrat schwerer und drückt die Zwiebeln im Topf nach unten. Außerdem läuft das Wasser besser ab, was Staunässe verhindert. Auf Düngung, etwa in Form von Langzeitdünger, können Sie getrost verzichten. Die Pflanzen haben genügend Nährstoffe in den Blumenzwiebeln.

Vor dem Pflanzen bedecken Sie das Abzugsloch mit einer Tonscherbe. Dann mischen Sie Sand und Blumenerde und füllen das Substrat in den Topf (→ Abb. 2). Jetzt folgen die Blumenzwiebeln: In einen Topf kommen immer mehrere, die Menge hängt von der Topfgröße und der Größe der Zwiebeln ab. Setzen Sie die Zwiebeln dicht an dicht (→ Abb. 3). Dann füllen Sie bis zu den Zwiebelspitzen mit Substrat auf. Die letzte Schicht besteht aus grobem Sand, der die Zwiebeln beschwert und schnell abtrocknet.

Bei milder Witterung kann das Gefäß bis Mitte Dezember auf dem Balkon stehen. Das Substrat sollte feucht sein. Daher von Zeit zu Zeit leicht gießen, aber auf genügend Wasserabfluss achten. Nach dem Winter, Anfang März, stellen Sie den Topf in den vorbereiteten Korb.

1 **Tonscherbe einlegen:** Über das Loch auf dem Boden des Tongefäßes legen Sie eine Tonscherbe. So wird verhindert, dass das Loch mit Substrat verstopft und kein Wasser mehr abfließen kann. Das ist wichtig, denn wenn sich das Wasser staut, faulen die Zwiebeln.

2 **Substrat einfüllen:** Mischen Sie nun Blumenerde und Sand, optimal ist ein Verhältnis von 1:10. Dann füllen Sie das Gemisch in den Topf bis eine Handbreit unter den Rand.

3 **Narzissen einsetzen:** Die Narzissen kommen jetzt dicht an dicht in den Topf. Die Anzahl hängt von der Topfgröße ab. Drücken Sie den Boden der Zwiebeln ruhig fest in das Substrat, bis nur noch die Spitzen herausschauen.

4 **Mit Sand abdecken:** Füllen Sie die Zwischenräume weiter mit Substrat auf, bis etwa 3 cm unter den Topfrand. Ganz oben kommt nun eine 2 cm dicke Schicht aus grobem Sand.

5 **Andrücken und angießen:** Streichen Sie die Oberfläche etwas glatt und drücken Sie sie leicht an. Anschließend die Töpfe eingießen. So schließen sich letzte Hohlräume und die Wurzeln der Zwiebeln können austreiben.

6 **Pflanzen arrangieren:** Den Winter über ruhen die Zwiebeln an einem kalten Ort ohne Übertopf. Ab Anfang März ist es Zeit, die Töpfe in die dafür vorbereiteten Körbe zu stellen und an Ort und Stelle zu arrangieren.

FRÜHBLÜHER IN LEUCHTENDEM GELB

1 Alpenveilchen-Narzisse

Narcissus cyclamineus 'Tête à Tête'

BLÜTEZEIT: März, HÖHE: ca. 15 cm
Die Sorte 'Tête à Tête' ist ein echter Klassiker. Wer es im November vergessen hat, kann sie ab Ende Februar als vorgezogenes Pflänzchen in allen Gärtnereien besorgen. Die niedrig wachsende Zwiebelblume gehört zu den Narzissen der *Cyclamineus*-Klasse, die immer mehrere Blüten pro Stiel bilden. Die Alpenveilchen-Narzisse **blüht schon früh** im Jahr. Bereits im März, oft Wochen vor ihren großen Verwandten, zaubern ihre Blüten leuchtendes Gelb auf den Balkon. Die Sorte 'Tête à Tête' ist besonders blühfreudig. Leider ist die Sorte etwas frostempfindlich. Bei drohendem Nachfrost unter –5 °C sollten Sie sie daher nah ans Haus, in die Garage oder in den Keller stellen. Leichte Fröste hält sie im Schutz eines Balkons aber gut aus.

2 Efeu

Hedera helix 'Dealbata'

HÖHE: ca. 10 cm, hängend
Die **Strukturpflanze** gibt es schon von Natur aus in zahllosen Varianten, die sich vor allem in der Blattform und -farbe unterscheiden. Die Waldpflanze ist äußerst schattenverträglich, aber auch volles Licht macht ihr nichts aus. In der Sonne bilden die Blätter Schutzstoffe, die dem Efeu helfen, über den Winter zu kommen. Efeu ist **pflegeleicht**. Das Substrat sollte aber immer leicht feucht sein. Einmal wöchentlich düngen. Werden sie zu lang, können Sie die Triebe jederzeit einkürzen. Die schon leicht verholzten Abschnitte können Sie gut für die Stecklingsvermehrung nutzen. Die Sorte 'Dealbata' hat eine sehr gute Winterhärte. Im Alter verlieren die Blätter ihren weißen Rand.

Sonne Halbschatten Schatten hoher Wasserbedarf

3

3 Forsythie

Forsythia × intermedia 'Lynwood'

BLÜTEZEIT: März – April, **HÖHE:** bis 2 m
Diese Forsythie wächst zunächst straff aufrecht, später breiten sich die Zweige aus. Um einen **schönen Wuchs** zu erhalten, schneiden Sie lange, überhängende Zweige nach der Blüte, noch bevor sich die Blätter voll entwickelt haben, ab. Alle zwei bis drei Jahre umtopfen. Ein- bis zweimal wöchentlich flüssig düngen.

4 Narzisse

Narcissus-Hybride 'Carlton'

BLÜTEZEIT: April, **HÖHE:** bis 40 cm
Die Sorte 'Carlton' zählt zu den großblütigen Narzissen. Ihre **üppigen Blüten** leuchten zartgelb und haben eine kurze, breite, gekräuselte Trompete. In voller Blüte erreichen die Pflanzen eine Höhe von etwa 40 cm. Wie alle Narzissen zieht sie sich nach der Blüte ins Erdreich zurück. Mit Nährstoffen versorgt sich die Pflanze selbst: Sie werden während der grünen Phase nach der Blüte und den ganzen Sommer über aufgenommen und in der Zwiebel eingelagert. Es reicht also, die Pflanzen zu gießen, ohne dabei zu düngen.

4

5

5 Narzisse

Narcissus-Hybride 'Suada'

BLÜTEZEIT: April – Mai, **HÖHE:** bis 40 cm
'Suada' gehört ebenfalls zu den großblütigen Narzissen, sie blüht aber etwas später. Ihre breit gewachsenen Trompeten erfreuen mit **leuchtendem Orange.** Gießen Sie die Pflanze regelmäßig, dann halten sich die Blüten länger. Da in der Zwiebel im vergangenen Jahr schon alle Nährstoffe gespeichert wurden, brauchen Sie die Narzisse nicht zu düngen. Die abgeblühte Pflanze treibt im nächsten Jahr nicht mehr. Wenn Sie einen Garten haben, können Sie die Zwiebeln aber zum Verwildern auspflanzen. Es bilden sich dann Tochterzwiebeln, die neue Blüten treiben.

Duft winterhart giftig pflegeleicht

BLÜTEN VON FRÜHLING BIS SOMMER

Viel Pflege braucht diese Frühlingskollektion nicht. Die **Narzissen** versorgen sich selbst mit Nährstoffen, die sie in den Zwiebeln eingelagert haben. Für **Forsythie** und **Efeu** reicht der im Substrat eingearbeitete Langzeitdünger bis in den Sommer. Dann sollten Sie ein- bis zweimal wöchentlich flüssig düngen. Wird es der Forsythie im Topf zu eng, topfen Sie sie am besten im zeitigen Frühjahr, noch bevor die Knospen ausgetrieben sind, um. Das ist meist nur alle zwei bis drei Jahre erforderlich. Jetzt noch regelmäßig gießen und der Balkon erblüht in leuchtendem Gelb.
Kürzen Sie **Forsythie** und **Efeu** regelmäßig ein. Bei der Forsythie ist der ideale Zeitpunkt das Ende der Blüte. Entfernen Sie, noch bevor sich das Blattkleid schließt, überhängende Zweige. Nach ein paar Jahren kann es auch notwendig werden, alte Triebe knapp über dem Boden abzuschneiden. Wollen Sie den Wuchs des Efeus im Zaum halten, gibt es nicht viel zu beachten. Sie können ihn da abschneiden, wo er Sie stört (→ Abb. 3).
Ende April verschwindet selbst in kühlen Jahren die Blütenpracht auf dem Frühlingsbalkon. Während die Forsythie den Sommer über ein dunkles Blattkleid ziert, geben die Zwiebelblumen wenig Anlass zur Freude. Erst sind die Blätter noch grün, dann zieht das Laub ein und die Zwiebel geht in eine Ruhephase über. Jetzt ist es Zeit, die Körbe zu leeren und neu zu bepflanzen.
Wenn Sie einen Garten haben, können Sie die Zwiebeln dort aussetzen. Dazu heben Sie die Narzissen mit dem Substrat aus den Töpfen und pflanzen sie an einem schattigen Platz. Ist das Laub bereits vollkommen gelb, können sie die Zwiebeln direkt im Garten vergraben. Als Faustregel gilt: Pflanzen Sie die Zwiebeln so tief, wie sie hoch sind. Sehr hübsch sieht es aus, im Rasen kleine Gruppen zu bilden, aber auch als Unterpflanzung bei Sträuchern machen sich Narzissen gut. Im kommenden Frühjahr werden Sie allerdings nur wenige Blüten sehen, denn die Narzisse bildet erst wieder neue Zwiebeln. Im übernächsten Jahr blühen sie wieder in voller Pracht.

DER SOMMER HÄLT EINZUG

Für den Sommer bieten sich Duftpflanzen und Sommerblüher an. Da es auf dem Balkon oder der Terrasse im Sommer oft recht heiß wird, sollten Sie zu Pflanzen greifen, die tolerant gegenüber Hitze und Trockenheit sind. Mit dem Bepflanzungsvorschlag bieten die folgenden drei Pflanzkörbe bis zum Herbst viel Abwechslung auf Ihrem Balkon. Die Kombination ist darüber hinaus äußerst pflegeleicht.
In das erste hohe Körbchen setzen Sie als höhere Leitstaude einen **Steppensalbei** (*Salvia nemorosa* 'Caradonna'). Er blüht von Mai bis September. Dazu setzen Sie ein **Mädchenauge** (*Coreopsis verticillata* 'Moonbeam'). Es blüht sogar bis in den Oktober und ist etwas niedriger. Davor kommen überhängende Polsterstauden, und zwar je ein Exemplar von **Kriechendem Schleierkraut** (*Gypsophila repens*, Blütezeit: Juni), **Sonnenröschen**

1 **Gefäß vorbereiten:** Entfernen Sie die abgeblühten Zwiebeln aus den Töpfen. Dann füllen Sie Erde für die Sommerbepflanzung ein.

2 **Stauden pflanzen:** Setzen Sie die Sommerblüher in das frische Substrat. Es sieht am besten aus, wenn Sie die höheren Pflanzen in den hinteren Bereich setzen. Nach vorne kommen niedrigere und überhängende Pflanzen.

(*Helianthemum*-Hybride 'Elfenbeinglanz', Juni und September) und **Zitronenthymian** (*Thymus × citriodorus* 'Doone Valley', Mai – Juli). Schneiden Sie den Steppensalbei nach der Blüte einmal eine Handbreit über dem Boden ab, dann blüht er erneut. Beim Mädchenauge genügt es, Verblühtes zu entfernen.

Im zweiten Korb dominiert das Blau des **Rittersporns** (*Delphinium grandiflorum* 'Blauer Spiegel', Juni – September, giftig). Davon reicht ein Exemplar. Dazu eine **Goldquirlgarbe** (*Achillea clypeolata* 'Moonshine') und zwei **Steinbrech-Felsennelken** (*Petrorhagia saxifraga* 'Rosette'). Alle drei Pflanzen blühen von Juni bis September. Für eine etwas spätere Blüte sorgt das **Kriechende Bohnenkraut** (*Satureja spicigera*). Diese niedrige Pflanze blüht von August bis Oktober. Rittersporn und Goldquirlgarbe sollten Sie nach der Blüte kräftig bis auf den Grund zurückschneiden.

Der flache Korb wird ein wahres Duftkörbchen. Platzieren Sie hier drei Exemplare der **Römischen Kamille** (*Chamaemelum nobile* 'Plena'). Sie blüht von Juni bis September. Auch die Kamille blüht noch ein zweites Mal, wenn Sie sie nach der Blüte kräftig zurückschneiden. Der starke Rückschnitt der Sommerblüher verursacht zwar eine Lücke in der Gestaltung, aber die Pflanzen wachsen dann schöner und blühen erneut.

3 **Efeu schneiden:** Den Efeu können Sie wiederverwenden und in ein separates Gefäß pflanzen. Davor schneiden Sie die Triebe leicht zurück, das fördert den Neuaustrieb.

FRÜHLINGSZAUBER IN ROSA UND BLAU

Das braucht man dazu:

PFLANZEN

a) 10 × Blaustern
Scilla mischtschenkoana
b) 1 × Christrose
Helleborus orientalis 'Double Surprise'
c) 4 × Christrose
H. o. 'Silvermoon'
d) 1 × Efeu
Hedera helix
e) 4 × Hyazinthe
f) 4 × Traubenhyazinthe

ZUBEHÖR

2 hohe Keramiktöpfe (Höhe: 30 cm und 40 cm), 1 Keramikschale (15 cm Ø), dazu passende Kunststofftöpfe, Balkonpflanzensubstrat, Sand, Blähton

Christrosen, Hyazinthen und Blausterne sind die Klassiker unter den Frühlingsboten. Sie begrüßen den Frühling schon Anfang März mit ihren rosa, lila und blauen Blüten. Hyazinthen gibt es in enormer Vielfalt. Wählen Sie Sorten mit mehreren Blütenständen, z. B. die Multiflora-Hyazinthe, für eine Extra-Portion Frühlingsduft.
Füllen Sie eine Dränageschicht aus Blähton in den Kunststofftopf. Dann setzen Sie die Pflanzen mit dem Original-Topf hinein, so können Sie sie nach der Blüte problemlos entsorgen. Füllen Sie mit Balkonpflanzenerde auf und geben Sie eine dünne Schicht Sand oben auf, so trocknet das Substrat schnell ab. Nun stellen Sie alles in dekorative Keramiktöpfe. Neben einer wärmenden Hauswand verwandelt sich Ihr Arrangement im Nu in ein elegantes Blütenmeer.

KURZINFO

Anlage	Anfang März
Standort	sonnig, halbschattig
Platzbedarf	6 m²
Zeitbedarf	1,5 Std.
Pflegebedarf	5 Min./Woche
Level	❄

1 Blaustern

Scilla mischtschenkoana

BLÜTEZEIT: März, **HÖHE:** 10–15 cm
Der Erstfrühlings-Blaustern hat seinen Namen zu Recht. Er blüht **bereits Anfang März** zusammen mit Schneeglöckchen und Winterlingen.

2 Christrose

Helleborus orientalis 'Silvermoon'

BLÜTEZEIT: März, **HÖHE:** 20–30 cm
Christrosen brauchen ein Gefäß, das doppelt so große wie der Wurzelballen ist, damit sich die Pflanze **optimal entwickelt**.

3 Hyazinthe

Hyacinthus orientalis

BLÜTEZEIT: März, **HÖHE:** 20–30 cm
Ein **Frühlingsblüher**, der sich besonders gut für die Gefäßbepflanzung eignet. Achten Sie immer auf gute Dränage, denn Staunässe verträgt die Hyazinthe schlecht.

4 Traubenhyazinthe

Muscari armeniacum

BLÜTEZEIT: März, **HÖHE:** 15–20 cm
Das Zwiebelgewächs **liebt es sonnig** und eher trocken. Das Substrat sollte daher gut wasserdurchlässig sein und schnell abtrocknen.

Sonne Halbschatten Duft winterhart giftig

UM HIER ZU ERNTEN,
HABEN SIE ES NICHT WEIT:
ZUCKERSÜSSE BEEREN, KNACKIGER SALAT
UND SONNENGEREIFTE TOMATEN
WACHSEN DIREKT VOR DER TÜR.

2

Kulinarisches vom Balkon

Unbeschreiblich lecker und gesund

Das braucht man dazu:

PFLANZEN

a) 1 × Birne
Pyrus communis 'Decora'

b) 3 × Erdbeere
Fragaria ananasa 'Camara'

c) 2 × Fenchel
Foeniculum vulgare var. *azoricum*

d) 3 × Kleine Kapuzinerkresse
Tropaeolum minus

e) 2 × Mangold
Beta vulgaris

f) 2 × Paprika
Capsicum annuum

g) 3 × Pflücksalat
Lactuca sativa var. *crispa* 'Lollo Rossa'

h) 1 × Rote Johannisbeere
Ribes rubrum 'Rovada'

i) 3 × Tomate (Balkontomate)
Lycopersicon esculentum

j) 1 × Tomate (Cocktailtomate)
Lycopersicon esculentum

ZUBEHÖR

4 Keramik-Pflanztröge (3 × 45 cm Ø, 40 cm H; 1 × 30 cm Ø, 25 cm H), 2 Balkonkästen (80 cm), Mini-Gewächshaus, 6 Torf- oder Kokospresstabletten, Pikierstab, 6 Tontöpfe (12 cm), Blähton, Trennvlies, Bambusstäbe, Bindedraht

KURZINFO

Anlage	März – Mai
Standort	sonnig
Platzbedarf	4 m²
Zeitbedarf	2 Std.
Pflegebedarf	45 Min./Woche
Level	✻✻

Obst und Gemüse aus eigenem Anbau sind Trend. Wer knackige Paprika oder saftige Tomaten selber ziehen und ernten will, braucht dafür keinen großen Garten. Ein sonniger Balkon, die richtigen Sorten und etwas Pflege reichen aus.
Auch Obst lässt sich prima in Containern und Kästen auf Balkon und Terrasse ziehen. In den letzten Jahren sind immer mehr kleine Obstarten auf den Markt gekommen. Weil sie nicht so stark wachsen, finden ihre Wurzeln in einem Pflanzcontainer genug Platz.

Gemüse frisch auf den Tisch

Auf diesem Naschbalkon wächst und gedeiht, was schmeckt, attraktiv aussieht und gut mit den warmen Bedingungen auf einem Balkon oder der Terrasse zurechtkommt. Die kleinen Balkontomaten und die Cocktailtomaten kommen aus südlichen Gefilden. Gönnen Sie ihnen die sonnigste und wärmste Ecke auf dem Balkon. Tomaten wachsen von Natur aus stark. Für den Balkon oder die Terrasse ist es daher wichtig, kleinwüchsige Sorten zu verwenden, sonst neh-

men sie schnell überhand. Dies ist auf den Packungen der Samentüten vermerkt. Je nach Witterung reifen die ersten Früchte schon ab Mitte Juni. Dann heißt es ernten und genießen.
Die Heimat der Paprika ist das heiße Mittel- und Südamerika. Je wärmer es ist, desto mehr Blüten bilden sie, was einen reichen Ertrag verspricht. Pralle Sonne mögen sie allerdings nicht, dann werden die Blätter gelb. Am besten gedeihen die Pflanzen im Halbschatten. Ab Mitte Juli bereichern die knackigen Paprikafrüchte Ihren Speiseplan. Es schadet aber auch nicht, wenn sie im reifen Zustand noch längere Zeit an der Pflanze bleiben und so den Balkon verschönern.
Laufendes Ernten und Nachpflanzen ist dagegen beim Salat angesagt. Wenn Sie nur kleinere Mengen auf einmal benötigen, schneiden Sie einfach die untersten Blätter ab. Der Kopf wächst dann weiter. Gut eignen sich z. B. die Sorten 'Lollo Rossa' und 'Lollo Bionda', die Sie am besten als kleine Pflänzchen einsetzen. Sie können den Pflücksalat aber auch direkt in die Kästen säen. Praktisch sind Saatbänder, in denen die Samen zwischen zwei dünnen Papierschichten schon im richtigen Abstand liegen.
Bunter Stielmangold mit seinen rötlich gefärbten Stielen und grünen Blättern und der Fenchel bilden die dekorative Komponente der Gemüsekästen. Die filigranen Blätter des Fenchels erinnern an Dill. Wer keinen Fenchel mag oder wem das Warten auf die Ernte zu lange dauert, kann stattdessen auch Dill einsetzen.

Obst auf dem Balkon

Auf einem Naschbalkon darf saftiges Obst natürlich nicht fehlen. Am besten sind immertragende Erdbeeren, deren Früchte Sie von Mai bis September ernten können. Die Sorte 'Camara' punktet zusätzlich mit hübschen pinkfarbenen Blüten. Diese leicht hängende Sorte gedeiht alternativ auch sehr gut in einer Ampel.
Die Früchte der Säulenbirne 'Decora' reifen ab Ende September. Während des Jahres sollten Sie darauf achten, dass der Ballen nicht trocken wird.

INFO

Weniger gießen

Wasserspeicherkästen nehmen Ihnen beim Gießen die Arbeit ab. Modelle mit doppeltem Boden haben einen Wasserstandsanzeiger, der nach dem Prinzip der Hydrokultur funktioniert. Eine weitere Variante ist der Kasten mit Wasserspeichermatte. Sie liegt im Boden des Kastens und gibt das Wasser langsam an die Pflanzen ab.

Das bedeutet Stress für die Pflanze. Dabei hilft auch das richtige Substrat. Spezielle Kübelpflanzenerde enthält Blähschiefer. Er verleiht dem Substrat nicht nur Stabilität, sondern speichert auch sehr viel Wasser.
Die Säulenbirne fühlt sich an einer Wärme spendenden Hauswand am wohlsten, dann wird sie Sie mit reicher Ernte belohnen. Ihr zu Füßen wächst Kapuzinerkresse. Ihre Blüten sind essbar und geben Salaten ein scharf-würziges Aroma. Die Johannisbeere schmückt sich ab Juli mit ihren roten Früchten.

SO KOMMT REICHE ERNTE AUF DEN TISCH

Ein Teil des Gemüses für den Balkon können Sie selber ziehen. Besonders für die Tomaten eignet sich dafür ein Mini-Treibhaus, das Sie im Gartenfachhandel oder im Internet bekommen (→ Seite 156). Darin sind die Pflanzen vor Zug und Austrocknen geschützt. Die gleichmäßige Temperatur hilft bei der Keimung und beim Anwachsen. Kaufen Sie sich am besten auch Torfpresstabletten, dann lässt sich der Sämling später leichter von der Saatschale in einen Topf versetzen.
Los geht es mit den Tomaten Anfang März (→ Abb. 1–5). Tomaten brauchen zum Keimen einen warmen und sehr hellen Platz in der Wohnung. Ideal ist eine Fensterbank. Von der Aussaat bis zum Verpflanzen in den Balkonkasten dauert es etwa acht Wochen. Wenn die Pflanzen etwa 2 cm hoch sind, nehmen Sie den Deckel des Gewächshauses ab (→ Abb. 6). Ab April topfen Sie die Pflanzen um (→ Abb. 7–8) und stellen sie bei schönem Wetter auf den Balkon. Nachts und bei kalter Witterung rücken Sie sie ganz nah an die Wand; bei Frost sollten sie ins Haus.
Ebenfalls ab März können Sie Pflücksalat aussäen. Er mag es eher kühl und verträgt sogar Frost. Die Aussaat kann direkt in den Balkonkasten geschehen. Gut geeignet für die Aussaat ist auch Kapuzinerkresse. Legen Sie ab April je drei Samen in kleinen Töpfchen in Aussaaterde.

Pflanzeneinkauf leicht gemacht

Die Johannisbeere und die Birne kaufen Sie im März in einer Baumschule. Beim Einpflanzen verwenden Sie Blähton und ein Trennvlies wie auf Seite 71–72 gezeigt. Beide Pflanzen erhalten einen eigenen Pflanztrog.
Das übrige Gemüse wie Mangold und Fenchel sowie die Erdbeeren kaufen Sie Anfang April als Jungpflanzen beim Gärtner. Sie können sie schon an Ort und Stelle in die drei Kästen pflanzen (→ Abb. 9–12). Dann lassen Sie für die Balkontomaten noch etwas Platz. Oder Sie warten mit dem Bepflanzen der Kästen, bis auch die Tomaten soweit sind, das ist – je nach Witterung – Anfang bis Mitte Mai. Die Paprikapflanzen besorgen Sie Mitte April und setzen sie in einen großen Pflanztrog. Auch die junge Cocktailtomate kommt in einen großen Pflanztrog.
Sollten noch einmal Fröste drohen, stellen Sie die Kästen ganz nah ans Haus und schützen sie mit einem leichten Vlies. Wer nicht so häufig gießen will, kann Wasserspeicherkästen mit einem doppelten Boden verwenden. Hier holt sich die Pflanze das Wasser von unten – jede so viel wie sie braucht (→ Abb. 9).

1 **Treibhaus vorbereiten:** Legen Sie sechs Torfpresstabletten im Mini-Treibhaus aus. In diesem Substrat entwickelt sich der Keimling und Sie können ihn später zusammen mit der Torfpresstablette in einen Topf umsetzen.

2 **Quellen lassen:** Übergießen Sie die Torfpresstabletten mit warmem Wasser, damit das Substrat aufquillt. Dann gießen Sie überschüssiges Wasser ab, da bei zu viel Feuchtigkeit sich Pilze schneller ausbreiten.

3 **Loch bohren:** Bohren Sie in der Mitte des gequollenen Presslings mit einem Pikierholz oder einem anderen runden Stab ein kleines, etwa 5 mm tiefes Loch. Das hilft beim Aussäen.

4 **Tief säen:** Tomaten sind Dunkelkeimer, das heißt, Sonnenlicht verzögert die Keimung. Die Samen sollen etwa 5 mm unter der Oberfläche liegen. Versiegeln Sie die Oberfläche anschließend mit etwas Substrat.

5 **Deckel schließen:** Die Sämlinge quellen in der feuchten Luft unter der Haube nun auf und beginnen schon nach einer Woche zu keimen. Halten Sie den Deckel geschlossen, ab und zu die Kondenswasserperlen abklopfen.

6 **Weiter ohne Haube:** Als Erstes bilden sich die Keimblätter am jungen Keimling. Wenn nach etwa zwei Wochen dann die ersten Laubblätter zu sehen sind, können Sie die Haube abnehmen. Ab jetzt reicht es, regelmäßig zu gießen und Zugluft zu vermeiden. Die Pflanzen bleiben im Mini-Treibhaus, bis sie etwa 10 cm groß sind. Dann ziehen sie in größere Gefäße um.

7 **Pflanzen umsetzen:** Jetzt setzen Sie die Pflanzen in einen Topf mit etwa 12–14 cm Durchmesser um. Achten Sie darauf, den Stiel 1–2 cm tiefer zu setzen, als er vorher stand.

8 **Andrücken:** Nun brauchen Sie nur noch mit Gemüsesubstrat aufzufüllen und anzugießen. Sobald es draußen warm wird, können die Pflanzen schon auf den Balkon umsiedeln. Bei kalter Witterung rücken Sie sie nah an die Wand, bei Frost müssen sie wieder ins Haus.

9 **Kasten vorbereiten:** Mangold, Fenchel und Erdbeeren kommen dann ab April in die Balkonkästen. Es folgen die Tomaten Anfang bis Mitte Mai. Wenn Sie Wasserspeicherkästen verwenden, setzen Sie den doppelten Boden zusammen mit dem Wasserstandsanzeiger vor dem Pflanzen ein.

10 **Pflanzen auslegen:** Vor dem eigentlichen Pflanzen stellen Sie alle Gemüsesorten in den Kasten. So wird klar, in welchem Abstand und welcher Ausrichtung die Pflanzen in den Kasten kommen. Die Anordnung der Pflanzen ist im Pflanzplan auf Seite 23 angegeben.

11 **Gießrand lassen:** Beim Einfüllen des Substrates kommen alle Pflanzen wieder so tief in die Erde, wie sie vorher im Topf standen. Einzig die Balkontomate kann abermals etwas tiefer gesetzt werden. Den Kasten sollten Sie nur bis 2 cm unter den Rand mit Erde füllen. Die Pflanzen anschließend leicht andrücken.

12 **Wasserreservoir füllen:** Gießen Sie die Pflanzen gut an. Nach etwa 15 Minuten füllen Sie in den Einfüllschacht neben dem Wasserstandsanzeiger so viel Wasser, dass der Schwimmer zwischen beiden Markierungen zu stehen kommt.

OBST UND GEMÜSE AUS EIGENEM ANBAU

1 Birne

Pyrus communis 'Decora'

ERNTEZEIT: Oktober, HÖHE: 2,5 m
Die **saftigen Früchte** reifen direkt am Stamm. Schützen Sie den Topf im Winter mit einem Vlies. Orangefarbene Flecken auf den Blättern weisen auf Pilzbefall hin.

2 Erdbeere

Fragaria ananasa 'Camara'

ERNTEZEIT: Juni – September, HÖHE: 25 cm
Diese immertragende Sorte erfreut einerseits mit ihren **zuckersüßen Früchten**, andererseits mit den hübschen rosa Blüten. Gleichmäßig mit Wasser versorgen.

3 Fenchel

Foeniculum vulgare var. *azoricum*

ERNTEZEIT: Juli – Oktober, HÖHE: 30 cm
Fenchel können Sie bis zu zweimal nachpflanzen. Am besten entwickeln sich die Knollen im Sommer. Auch das Kraut können Sie ernten und **zum Würzen**, z. B. für Fischgerichte oder Gemüsesuppen, verwenden.

4 Kleine Kapuzinerkresse

Tropaeolum minus

BLÜTEZEIT: Juli – Oktober, HÖHE: 30 cm
Die Kapuzinerkresse hat **essbare Blüten**. Sie wächst rasch und blüht unermüdlich, wenn Sie Verblühtes regelmäßig entfernen. Einige Samenkapseln können Sie ausreifen lassen, trocknen und im nächsten Frühjahr aussäen.

Sonne · Halbschatten · Schatten · hoher Wasserbedarf · Duft

5 Mangold

Beta vulgaris

ERNTEZEIT: Juni – Oktober, **HÖHE:** 40 cm
Stielmangold, auch die bunten Sorten, können Sie **mehrmals ernten**. Dabei sollten Sie nie mehr als ein Drittel der Blattmasse entfernen. Ein gute Sorte ist 'Rhubarb Chard'.

6 Paprika

Capsicum annuum

ERNTEZEIT: Juli – September, **HÖHE:** 50 cm
Gemüsepaprika mag keine direkte Sonne. Am besten noch vor dem Pflanzen die **erste Frucht ausbrechen**. Die Pflanze verzweigt sich dann besser und bringt mehr Früchte hervor. Ein paar Stützstäbe stabilisieren die Zweige.

7 Pflücksalat

Lactuca sativa var. *crispa* 'Lollo Rossa'

ERNTEZEIT: Mai – Oktober, **HÖHE:** 15 cm
Hier können Sie laufend ernten. Schneiden Sie immer die untersten Blätter zuerst ab. Bei Bedarf **nachpflanzen**.

8 Rote Johannisbeere

Ribes rubrum 'Rovada'

ERNTEZEIT: Juli, **HÖHE:** 1,5 m
Die **großen Beeren** dieser mittelbreiten Sorte halten sich lange am Strauch. Um draußen zu überwintern, benötigt die Pflanze einen schattigen Platz, sonst vertrocknen die Zweige.

9 Tomate

Lycopersicon esculentum

ERNTEZEIT: Juni – Oktober, **HÖHE:** 30–120 cm
Tomaten, mit Ausnahme der Balkontomate, benötigen eine Stütze. Fleckige Blätter regelmäßig entfernen. Wichtig ist ein **trockener Standort**.

winterhart giftig pflegeleicht

SO SICHERN SIE SICH IHRE ERNTE

1 **Triebe hochbinden:** Binden Sie die Triebe der Cocktailtomaten laufend an Bambus- oder Holzstäben an. So steckt die Pflanze ihre Kraft nicht in die Stängel und bildet mehr Früchte.

2 **Tomaten ausgeizen:** Entfernen Sie die kleinen Triebe der Cocktailtomaten, die aus den Blattachseln treiben, regelmäßig mit den Fingern.

3 **Krankheiten erkennen:** Birnengitterrost erkennen Sie leicht an den orangefarbenen Flecken auf den Blättern. Entfernen Sie befallene Blätter möglichst sofort. Tritt der Befall häufig auf oder breitet sich stark aus, hilft es nur, ausgiebig ein Pilzmittel zu sprühen.

Die wichtigste Pflegemaßnahme – neben regelmäßigem Gießen und wöchentlichem Düngen – ist das Ernten. Ob **Pflücksalat**, **Mangold**, **Tomaten** oder **Erdbeeren**, ernten Sie regelmäßig und schauen Sie sich die Pflanzen dabei immer genau an. So erkennen Sie Krankheiten und Schädlinge frühzeitig (→ Abb. 3). Reife Früchte oder ältere Blätter sind außerdem ein Keimherd für Pilze und Bakterien. Mit der Ernte werden die Pflanzen ausgeputzt und gesund erhalten. Sollten Sie einmal längere Zeit nicht zu Hause sein, bitten Sie Ihren Nachbarn daher, nicht nur zu gießen, sondern auch zu ernten.

Die **Kapuzinerkresse** bildet mehr Blüten, wenn Sie Verblühtes regelmäßig entfernen (→ Abb. 4).

4 **Verblühtes entfernen:** Die Kapuzinerkresse setzt fortlaufend viele Blüten an, wenn Sie Verblühtes regelmäßig entfernen. So halten Sie auch das Laub der Pflanzen sauber.

Nicht alle Tomaten schmecken vollreif am besten. Bei Salatsorten sind die halbroten die bessere Wahl.

TIPPS FÜR DIE TOMATENPFLEGE

Tomaten sind ein besonders schmackhaftes und ertragreiches Gemüse für den Balkon. Schon mit zwei bis drei Pflanzen decken Sie Ihren Bedarf an Tomaten für einen ganzen Sommer. Damit die Tomate laufend Früchte hervorbringt, sollten Sie ihren Wuchs im Zaum halten. Dies gilt speziell für die **Cocktailtomate**, die sich von Natur aus reich verzweigt. Haben sich ein paar Haupttriebe gebildet, entfernen Sie alle weiteren Triebe, die aus den Blattachseln wachsen. So geht die ganze Kraft in die Früchte und nicht in die Blattmasse. Dem gleichen Zweck dient das Hochbinden: Es entlastet die Pflanze und die Stängel werden weniger dick gebildet (→ Abb. 1 und 2). Kontrollieren Sie die Tomatenpflanzen ab Ende Juli regelmäßig auf Blattflecken. Vor allem in feuchten Sommern vermehren sich Pilze und rufen die Dürrfleckenkrankheit oder die Kraut- und Knollenfäule hervor. Entfernen Sie fleckige Blätter sofort, um ein weiteres Übergreifen zu verhindern. Je sorgfältiger Sie sind, desto länger haben Sie Freude an den Tomaten.

NACHPFLANZEN UND NACHSÄEN

Salat und **Fenchel** halten nicht den ganzen Sommer über und müssen regelmäßig ersetzt werden. Eine gute Idee ist es, diese Gemüsearten laufend nachzusäen. Rechnen Sie von der Aussaat bis zur Ernte für beide etwa sechs Wochen. **Mangold** treibt hingegen immer wieder nach, wenn Sie ihn regelmäßig beernten. Entfernen Sie dabei aber nie mehr als ein Drittel der Blattmasse und schneiden Sie nur die äußeren Blätter ab.

TOPFOBST ÜBERWINTERN

Damit **Birne** und **Johannisbeere** gut über den Winter kommen, stellen Sie ab August das Düngen ein. Das Topfobst kann im Kübel direkt auf dem Balkon überwintern. Dazu stellen Sie die Töpfe dicht zusammen und schützen sie von außen mit Styroporplatten und mit Stroh, das sie zwischen die Töpfe stopfen. Achten Sie darauf, dass die Pflanzen nicht der Wintersonne ausgesetzt sind. So vermeiden Sie, dass die Rinde immer wieder einfriert und auftaut. Erde nicht eintrocknen lassen!

SCHARFES UND BUNTES AUF KLEINER FLÄCHE

Das braucht man dazu:

PFLANZEN

a) 2 × Chili
Capsicum frutescens 'Prairiefire'
b) 1 × Paprika (Gemüsepaprika)
Capsicum annuum 'Red Skin'
c) 1 × Paprika (Gemüsepaprika)
Capsicum annuum 'Mohawk'
d) 1 × Paprika (Peperoni)
Capsicum annuum 'Lombardo'

ZUBEHÖR

2 eckige (12 cm) und 3 runde Terrakottatöpfe (9 cm und 16 cm), Balkonpflanzensubstrat, Langzeitdünger, Blähton, Tonscherbe

Chili und Paprika auf dem Balkon – die aus Mittel- und Südamerika stammenden Früchte sind prädestiniert für den Anbau auf Balkon und Terrasse. Sie lieben Wärme, wachsen nicht stark und tragen den ganzen Sommer attraktive Früchte. Es gibt hunderte Sorten, von höllisch scharfen Chilis über würzige Peperoni, bis hin zur milden Gemüsepaprika. In dieser Variante stehen gängige und robuste Sorten wie 'Red Skin', 'Mohawk' und 'Lombardo' neben einer ausgefalleneren Chili 'Prairiefire'. Für welche Sorten Sie sich letztlich entscheiden, bleibt Ihrem Geschmack überlassen. Die Anlage mit Jungpflanzen erfolgt im Mai. Für besseren Fruchtansatz brechen Sie bei Paprika die erste Frucht aus. Viel Wasser, Dünger, ein Schutz vor allzu praller Sonne – und einer reichen Ernte steht nichts mehr im Wege.

KURZINFO

Anlage	Mai
Standort	sonnig, halbschattig
Platzbedarf	3 m^2
Zeitbedarf	1 Std.
Pflegebedarf	10 Min./Woche
Level	*

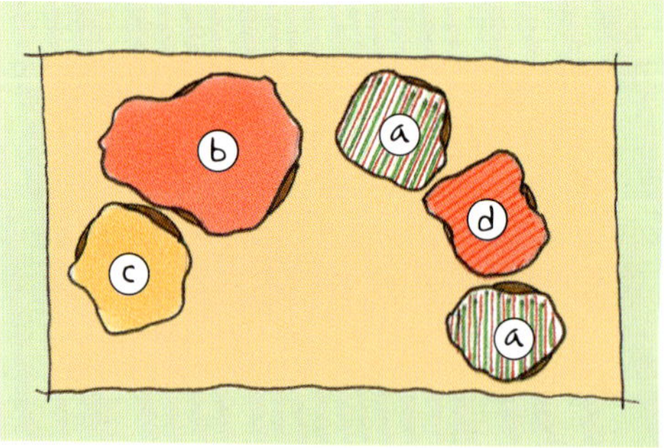

1 Chili
Capsicum frutescens 'Prairiefire'

ERNTEZEIT: Juli – September, HÖHE: ca. 20 cm
Die Sorte 'Prairiefire' ist eine **sehr scharfe** Chili. Wie alle Chilies mag sie es sehr warm. Täglich gießen und wöchentlich flüssig düngen.

3 Paprika (Gemüsepaprika)
Capsicum annuum 'Mohawk'

ERNTEZEIT: Juli – September, HÖHE: 40–50 cm
Eine typische Balkonpaprika mit verhaltenem Wuchs. Die konisch zulaufenden und gerippten, **orangeroten Früchte** schmecken mild. Damit sich die Pflanze im Topf optimal entwickeln kann, benötigt sie ein nährstoffreiches Substrat und täglich Wasser. In lichtem Schatten wachsen Paprika besser als in praller Sonne.

2 Paprika (Gemüsepaprika)
Capsicum annuum 'Red Skin'

ERNTEZEIT: Juli – September, HÖHE: 40–50 cm
Eher kleinwüchsige Paprikasorte, die zunächst grün bleibt und sich **allmählich rot** färbt. Ein Stützstab stabilisiert die Pflanze.

4 Paprika (Peperoni)
Capsicum annuum 'Lombardo'

ERNTEZEIT: Juli – September, HÖHE: 30–40 cm
Eine sehr **milde Peperonisorte** mit 10–15 cm langen roten Früchten. Knipsen Sie den obersten Trieb aus. Das fördert die Verzweigung und bringt mehr Ertrag.

Sonne Halbschatten pflegeleicht

GUT VERSORGT: DÜNGER UND SUBSTRATE

Alle Pflanzen beziehen ihre Nährstoffe aus der Erde. Damit die Pflanzen wachsen, kräftig und gesund bleiben, brauchen sie ein Substrat, das ihren Ansprüchen gerecht wird. Die meisten Pflanzen fühlen sich in Balkon- oder Kübelpflanzenerde wohl. Surfinia und Zitruspflanzen brauchen ein Spezialsubstrat. Die meisten Spezialprodukte aber sind teuer und verzichtbar, wenn Sie mit weichem Regenwasser gießen und außerdem regelmäßig düngen.

Für die Grundversorgung mischen Sie dem Substrat immer einen Langzeitdünger bei. Zusätzlich düngen Sie im Sommer mit einem mineralischen Universaldünger nach. Nehmen Sie einen in Pulverform, er ist länger haltbar, und Sie können ihn wahlweise ausstreuen oder im Gießwasser auflösen. Manche Pflanzen brauchen bei hartem, also kalkhaltigem Wasser zusätzlich einen Spurenelementdünger und einen Eisendünger, ebenfalls besser in Pulverform.

1

1 **Aussaaterde:** Sämlinge wie diese Erdbeerpflanzen wachsen am besten in Aussaaterde. Sie enthält nur wenige Nährstoffe, damit die zarten Wurzeln nicht durch Düngesalze verbrennen. Außerdem bildet sich so ein kräftigeres Wurzelwerk, weil die Wurzeln den Nährstoffen »entgegenwachsen« müssen. Die oberste Schicht wird oft mit Vermiculite abgestreut. Dieses weißliche Granulat aus aufgeschäumtem Mineral speichert das Wasser und verhindert Überwärmung.

2

2 **Surfinia-Substrat:** Petunien, wie z. B. Surfinien, brauchen ein leicht saures Substrat, in normaler Blumenerde können Sie nicht ausreichend Eisen aufnehmen. Dann kommt es schnell zu Eisenmangel: Die Blätter werden blassgelb, die Blattrippen erscheinen in schmutzigem Grün. Diesen Mangel können Sie mit speziellem Surfinia-Substrat vorbeugen. Es hat einen saureren pH-Wert und enthält eine Extraportion Eisendünger. Möglichst kalkarmes Wasser zum Gießen verwenden!

3 **Starkzehrer:** Gießen und düngen Sie regelmäßig alles, was im Sommer viel Pflanzenmasse aufbaut. Besonders Tomaten brauchen viel Wasser und entziehen der Erde schnell die Nährstoffe. Damit es nicht zu Nährstoffmangel kommt, düngen Sie regelmäßig nach. Neben mineralischen Düngern sind inzwischen auch Biodünger im Handel. Das sind organische Dünger, deren Mineralstoffe erst durch Mikroorganismen freigesetzt werden. Sie eignen sich besonders für Obst und Gemüse, das zum Verzehr gedacht ist.

3

4

4 **Blütenfülle:** Die meisten Balkonblumen fühlen sich in Balkonpflanzenerde wohl. Sie ist häufig mit Langzeitdünger angereichert und gut wasserdurchlässig. Das ermöglicht eine gute Wurzelbildung und verhindert Staunässe. Mischen Sie zusätzlich Langzeitdünger unter, denn der Nährstoffvorrat reicht nicht für die ganze Saison. In warmen Sommern, wenn viele Blüten gebildet werden, bringen Sie ab August mit jedem zweiten Gießgang zusätzlich Dünger aus.

5 **Kübelpflanzen:** Große Pflanzen wie die Engelstrompete gedeihen am besten in Kübelpflanzenerde. Sie enthält Blähton oder Blähschiefer. Sie verhindern, dass das Substrat während der langen Standzeit zusammensackt. Reichern Sie das Substrat mit Langzeitdünger an. Er ist granuliert und mit einer Schutzhülle überzogen. Die Nährstoffe werden langsam abgegeben. Achten Sie auf die Wirkungsdauer: fünf bis sechs, besser acht bis neun Monate sollten es sein.

5

Markus macht mal Pause

ÜPPIG UND BUNT GEHT ES
AUF DER SONNENTERRASSE ZU.
WIE AUF EINER SOMMERWIESE
KÖNNEN SIE HIER DIE SONNE GENIESSEN.

3

Üppig bunte Sonnenanbeter

Ein sommerlicher Blütentraum

Das braucht man dazu:

PFLANZEN

a) 1 × Brasiljasmin *Mandevilla sanderi* 'Hot Pink'
b) 3 × Dahlie *Dahlia*-Hybride 'Micronetta'
c) 1 × Edelpelargonie *Pelargonium grandiflorum* 'Velvet Red'
d) 4 × Hängepelargonie *Pelargonium peltatum* 'Mexikanerin'
e) 1 × Kapmargerite *Osteospermum ecklonis* 'Sunny Lady'
f) 3 × Prachtkerze *Gaura lindheimeri* 'Grace'
g) 2 × Strauchmargerite *Argyranthemum frutescens* 'Watermelon'
h) 5 × Supertunia *Petunia*-Hybride 'Raspberry Blast'
i) 6 × Süßkartoffel *Ipomoea batatas* 'Sweet Caroline Light Green'
j) 1 × Zonalpelargonie *Pelargonium zonale* 'Grand Prix'
k) 2 × Zonalpelargonie 'Rio'

ZUBEHÖR

5 Terrakottatöpfe (1 × 54 cm Ø, 2 × 42 cm Ø, 2 × 35 cm Ø), 5 Tonscherben, 20 l Blähton, Gartenvlies, 100 l Geraniensubstrat, Langzeitdünger, Tropf-Blumat-Set für 10 m, Meterstab, Schere

KURZINFO

Anlage	Mai
Standort	sonnig
Platzbedarf	12 m^2
Zeitbedarf	3 Std.
Pflegebedarf	2 Std./Monat
Level	✻✻

Mit warmem Orange, leuchtendem Rot und zartem Rosa holen Sie sich den Sommer direkt vor die Tür. Wenn Ihre Terrasse oder Ihr Balkon sehr sonnig ist, dann finden Sie hier eine Kombination von Pflanzen, die von Natur aus gut hitzeverträglich sind. Dazu zählen vor allem die Klassiker unter den Balkonpflanzen, die Pelargonien. Diese auch als Geranien bekannten Schönheiten gibt es in unzähligen Arten und Sorten. Ihre Heimat Südafrika ist eine der sonnenscheinreichsten Regionen der Erde.

Samtrote Blüten bringt die Edelpelargonie hervor. Ein Porträt finden Sie auf Seite 104. In diesem Projekt wurde allerdings die Sorte 'Velvet Red' verwendet. Die Zonalpelargonien 'Rio' und 'Grand Prix' blühen orange-rot, mit weiß-roten Blüten warten die Hängepelargonien auf.
Auch Strauchmargeriten sind hitzeverträglich. Ihre melonenfarbigen Blüten harmonieren gut mit dem Violett der Kapmargeriten. Unter dem Namen Supertunia sind neuere, besonders blühfreudige und robuste Züchtungen der Petunie

bekannt. Die Sorte 'Raspberry Blast' beeindruckt durch ihre üppigen rosa Blüten mit roter Aderung. Rosa blüht auch die Prachtkerze. Diese heimische Art gehört wie der Brasiljasmin ebenfalls zu den ausgesprochenen Sonnenanbetern. Zierlicher kommt die Dahlie 'Micronetta' daher. Mit ihrem üppigen Grün runden die Süßkartoffeln als Blattschmuckpflanze das Bild ab.

Variieren erlaubt

Wenn es der Geldbeutel erlaubt, schauen Sie sich beim Pflanzeneinkauf bewusst nach größeren Exemplaren um, schließlich soll das Pflanzenarrangement die ganze Fülle des Sommers zeigen. Bei Edel- und Hängepelargonie können Sie zur Abwechslung auf Säulenformen zurückgreifen. Das sind spezielle Wuchsformen, die mithilfe von Haltegittern zu Säulen gezogen wurden.

Bei der Auswahl der Pflanzen können Sie die Sorten und Arten natürlich variieren. Eine denkbare Alternative für die Supertunien ist das Zauberglöckchen (*Calibrachoa*), das wegen seiner zahlreichen kleinen Blüten auch Million-Bells genannt wird. Es blüht den ganzen Sommer über.

Auf kleineren Terrassen lassen Sie das eine oder andere Gefäß einfach weg. Die Kübel sind so bepflanzt, dass sie auch alleine wirken. Besonders stilvoll wirkt es, nur eine Pflanzensorte pro Gefäß einzusetzen. Gruppieren Sie die Gefäße anschließend, Sie werden vom Ergebnis überrascht sein.

Ideale Voraussetzungen

Der beste Platz für diese Bepflanzung ist die sonnenverwöhnte Südterrasse, aber in leicht schattiger Südwest- oder Südostlage gedeihen alle Pflanzen prächtig. Wichtig ist ein geschützter Standort. Regen und Staunässe sind allerdings Gift für Pelargonien und Supertunien.

Verwenden Sie große Gefäße, die eine Menge Substrat fassen, so gleichen sich Schwankungen in der Wasser- und Nährstoffversorgung besser aus. Die Töpfe können größere Wassermengen speichern und trocknen einfach nicht so schnell aus wie kleine Gefäße.

Eine entscheidende Rolle spielt auch die Qualität des Substrats. Sparen Sie auf keinen Fall am Substrat. Pflanzen Sie Ihre Sommerblüher in Geranien- oder Surfinienerde, die Sie zuvor mit Langzeitdünger angereichert haben. Wichtig: Vergessen Sie nicht die Dränageschicht aus Blähton.

Passend zu den großen Pflanzen auf der Sonnenterrasse sind schwere Gefäße aus Impruneta-Terrakotta. Das ist ein besonders robuster Ton aus der Toskana. Der Ton wird doppelt gebrannt, was ihn widerstandsfähiger gegenüber Frost und Schlägen macht. Die Gefäße sind allerdings etwas teuer. Billiger sind einfach gebrannte Tongefäße in Terrakotta-Optik. Beide Materialien lassen das Gefäß zusätzlich atmen.

Die Pflanzen verdunsten auf einer sonnigen Terrasse viel Wasser. Anstatt häufig zu gießen, können Sie sich von einer Bewässerungsanlage die Arbeit abnehmen lassen. Einmal installiert versorgt sie ihre Pflanzen den Sommer über sehr gleichmäßig mit Wasser.

SOMMERBLUMEN ALS SELBSTVERSORGER

Die verwendeten Sorten und Arten sind in jeder gut sortierten Gärtnerei bereits ab Mitte April zu haben. Um diese Jahreszeit ist das Angebot in Gärtnereien und Gartencentern am größten. Mit Ausnahme der Prachtkerze sind alle verwendeten Pflanzen aber sehr frostempfindlich. Daher sollten Sie mit der Anlage der Terrasse sicherheitshalber bis Mitte Mai warten und die Pflanzen bis dahin an einem geschützten Ort unterstellen.
In das Zentrum der großen Gefäße kommen die beiden Säulengeranien, also die Edelpelargonien und die Zonalpelargonie 'Grand Prix', sowie der Brasiljasmin. Außen herum gruppieren Sie die Unterpflanzung. In die beiden kleineren Gefäße kommen nur jeweils vier Pflanzen. Reservieren Sie für jeden der fünf Tröge eine Süßkartoffel als Strukturpflanze. Beim Pflanzen gehen Sie wie in Projekt 8 (→ Seite 117–119) vor.

Bewässern mit System

Da die Pflanzen auf der sonnigen Südterrasse besonders viel Wasser brauchen, empfiehlt sich die Installation einer Bewässerungsanlage. Der Markt bietet hier eine Auswahl an Systemen, von einfach mit Pumpe bis technisch ausgefeilt mit Computersystem und Sensoren reicht die Palette. Beachten Sie vor dem Kauf, dass Sie je nach System einen Wasseranschluss und/oder einen Stromanschluss auf der Terrasse brauchen.
Ein sehr einfach zu installierendes und bewährtes System, das auch viele Gärtner einsetzen, ist der Tropf-Blumat (→ Abb. 1–10). Er eignet sich hervorragend für den Dauerbetrieb. Ein mit Wasser gefüllter Tonkegel dient als Feuchtesensor im Gefäß. Wird der Ballen trockener, saugt der Tonkegel Wasser aus der Wasserleitung an. Das Wasser wird über einen oder mehrere Tropfer im Gefäß verteilt. Auf diese Weise wird gewährleistet, dass alle Pflanzen optimal versorgt sind.
Für den Tropf-Blumat benötigen Sie einen Wasseranschluss auf der Terrasse oder einen großen Wassertank, der etwas erhöht steht. Das System gibt es in unterschiedlichen Größen.
Ein anderes System arbeitet mit einer Pumpe mit Zeitschaltuhr (→ Abb. 11–12). Es ist vor allem für Urlaubszeiten geeignet. Für dieses System benötigen Sie ein Regenfass und einen Stromanschluss. Eine Pumpe fördert pro Tag eine einstellbare Wassermenge aus den Düsen. Große Pflanzen bekommen mehr Düsen in den Topf. Da hier die Wassermenge nicht über den Wasserbedarf, sondern über die Zeitschaltuhr geregelt wird, sollten Sie die Anlage nach dem Urlaub wieder abbauen und nach Bedarf gießen.

1 **Fertig bepflanzen:** Bepflanzen Sie die Gefäße und gießen Sie gut an. Erst dann wird das Bewässerungssystem installiert.

2 **Wasser einfüllen:** Damit der Tropf-Blumat richtig funktioniert, legen Sie die Tonkegel eine Stunde lang in Wasser ein. Dann füllen Sie das Innere der Tonkegel randvoll mit Wasser und schrauben den Gießkopf luftdicht auf.

3 **Probeverlegen:** Verlegen Sie die Schläuche am endgültigen Standort der Pflanzgefäße, um die richtige Länge abmessen zu können.

4 **Zurechtschneiden:** Schneiden Sie den Schlauch in der passenden Länge zu. Die Stücke lieber etwas länger abschneiden, so können Sie die Gefäße nachträglich verschieben und die Schläuche in der nächsten Saison wieder verwenden. Achtung: Stolperfallen vermeiden!

5 **Schläuche zusammenstecken:** Stecken Sie nun die Abschnitte für einen Trog zusammen. Die Tröge verbinden Sie erst später miteinander.

6 **Tonkegel einstecken:** Den Tonkegel stecken Sie als Feuchtigkeitssensor mittig, zwischen Topfrand und Topfmitte, ein. Wichtig: Der Kegel muss ganz im Substrat stecken. Jetzt die Schläuche von Trog zu Trog miteinander verbinden.

7 **Druckminderer anschließen:** Ein Druckminderer am Wasserhahn stellt den richtigen Wasserdruck ein. Ist kein Wasseranschluss vorhanden, kann eine höher stehende Regentonne die Wasserversorgung übernehmen.

8 **Tonkegel verteilen:** Setzen Sie pro Topf eine Verzweigung mit je einem Kegel, bei großen Gefäßen kommen nach dem Sensor mehrere Tropfer.

9 **Tropfer einstellen:** Nun stellen Sie den Tropfer am Rädchen so ein, dass aus dem Schlauch bei nassem Substrat gerade kein Wasser mehr tropft. Wird die Erde trocken, tropft Wasser nach.

Eine scharfe Schere reicht, um die Schläuche auf die passende Länge zuzuschneiden.

10 **Alternative mit Pumpe:** Ist außen kein Wasseranschluss vorhanden, verwenden Sie ein Bewässerungssystem mit Pumpe. Hier brauchen Sie nur eine Regentonne und einen Stromanschluss für die Zeitschaltuhr. Die Wasserzufuhr wird hier über die Zeitschaltuhr geregelt.

11 **Düsentropfer ausrichten:** Systeme mit Pumpe haben keine Tonkegel, sondern Düsen. Stellen Sie die Tropfer leicht schräg nach unten ein.

DIE SCHÖNSTEN SONNENANBETER

1 Brasiljasmin
Mandevilla sanderi 'Hot Pink'

BLÜTEZEIT: Mai – September, **HÖHE:** 60–100 cm
Die Kletterpflanze ist **hitzeverträglich** und übersteht Trockenphasen. Leiten Sie neue Triebe regelmäßig auf.

2 Dahlie
Dahlia-Hybride 'Micronetta'

BLÜTEZEIT: Mai – August, **HÖHE:** ca. 25 cm
Die Knollen dieser **Zwergform** der Dahlie können Sie frostfrei überwintern. Während des Wachstums Verblühtes mit dem Stiel ausbrechen.

3 Hängepelargonie
Pelargonium peltatum 'Mexikanerin'

BLÜTEZEIT: Mai – September, **HÖHE:** ca. 20 cm
Diese weiß- und purpurgestreifte Hängepelargonie mag es gerne **heiß und trocken**.

4 Kapmargerite
Osteospermum ecklonis 'Sunny Lady'

BLÜTEZEIT: Mai – September, **HÖHE:** 20–30 cm
Nachts und bei schlechtem Wetter hält die Kapmargerite ihre **Blüten geschlossen**. Verblühtes regelmäßig entfernen.

Sonne · Halbschatten · Schatten · hoher Wasserbedarf · Duft

5 Prachtkerze

Gaura lindheimeri 'Grace'

BLÜTEZEIT: Mai – August, **HÖHE:** 25–40 cm
Die Prachtkerze ist heimisch, frosthart und wächst in der Natur auf trockenen, kargen Böden. Für den Topf gilt: Sie ist **extrem pflegeleicht**, sollte aber nicht zu nass stehen.

6 Strauchmargerite

Argyranthemum frutescens 'Watermelon'

BLÜTEZEIT: April – September, **HÖHE:** 20–30 cm
Diese neue Sorte blüht schon sehr früh und ist wie alle Strauchmargeriten **sehr hitzetolerant**. Ihre Zungenblüten erinnern an die Farbe der Wassermelone. Die Pflanze blüht den ganzen Sommer. Verwelkte Blüten fallen von alleine ab.

7 Supertunia

Petunia-Hybride 'Raspberry Blast'

BLÜTEZEIT: Mai – September, **HÖHE:** 20 cm, hängend
Supertunien bilden **dichte Schleppen** aus Trompetenblüten. Lang anhaltende Nasse vertragen sie schlecht.

8 Süßkartoffel

Ipomoea batatas 'Sweet Caroline Light Green'

HÖHE: 20 cm, hängend
Das goldgrüne Laub ist ein Hingucker. Die Pflanze ist äußerst robust, verträgt allerdings keinen Frost. Ihre **Knollen sind essbar**.

9 Zonalpelargonie

Pelargonium zonale 'Grand Prix'

BLÜTEZEIT: April – Sept., **HÖHE:** bis 1,5 m
Wie alle Pelargonien mögen auch diese keine anhaltende Nässe. Die ebenfalls verwendete Sorte 'Rio' **blüht pink**.

winterhart giftig pflegeleicht

DEN GANZEN SOMMER SCHÖNE BLÜTEN

1 **Blüten ausbrechen:** Brechen Sie bei der Zonalpelargonie statt der verblühten Einzelblüten die ganzen gestielten Blütenstände aus, das verhindert Grauschimmelbildung. So bildet die Pflanze keine Früchte, dafür mehr Blüten.

Die Pflanzen auf der Sonnenterrasse produzieren von Mai bis September reichlich Blüten. Bei trockenem und sonnigem Wetter ist der Pflegeaufwand nicht der Rede wert. Kontrollieren Sie in den ersten Tagen nach der Installation des Bewässerungssytems, ob auch alle Töpfe optimal mit Wasser versorgt werden. Das Substrat sollte sich oberflächlich trocken anfühlen, darunter aber leicht feucht sein. Ist der Ballen zu nass, können sich Pilze wie Grauschimmel ausbreiten. Ist er länger zu trocken, machen die Pflanzen bei Sonnenschein schnell schlapp. Das Nachjustieren funktioniert ganz einfach an dem Rädchen oben am Tropfer.

NÄSSE UND TROCKENHEIT

Normalerweise halten **Pelargonien** und Co Trockenheit gut aus. Dennoch bedeutet das Stress für die Pflanzen. Gönnen Sie Ihnen daher bei sehr heißem Wetter trotz Bewässerungssystem eine Extra-Portion Wasser.
Empfindlich reagieren **Pelargonien**, aber auch **Supertunien**, auf anhaltende Nässe. In den Blättern der Pelargonien kann das Wasser schlecht abfließen. Bleiben Blätter und Blüten längere Zeit feucht, bildet sich Grauschimmel, auch *Botrytis* genannt. Wenn möglich, stellen Sie die Gefäße bei längerem Regen und kühlen Temperaturen unter einen Mauervorsprung.
Bei zu viel Feuchtigkeit welken die Blüten schneller. Entfernen Sie Verblühtes gerade bei schlechtem Wetter regelmäßig und sehr sorgfältig (→ Abb. 1 und 3). Dann haben Pilze in Ihrer Terrassengestaltung keine Chance.

VIEL NAHRUNG FÜR DEN BLÜTENFLOR

Gerade **Pelargonien** gehören zu den Pflanzen mit großem Nährstoffbedarf. Gegen Ende der Saison oder in sehr heißen Sommern kann trotz Langzeitdünger schon mal ein Nährstoffmangel entstehen. Besonders augenfällig ist das bei Stickstoffmangel. Die Blätter werden von unten her gelb, gleichzeitig wird die gesamte Pflanze heller. Noch bevor sich der Mangel zeigt, hungert die

Was tun, wenn ...

... Sie die Dahlien überwintern wollen?
Nehmen Sie die Knollen im Herbst vor dem Frost aus dem Topf, entfernen Sie sorgfältig alle anhaftenden Substratreste und trocknen Sie die Knollen zwischen Zeitungspapier an einem kühlen und dunklen Ort. Die trockenen Knollen lagern Sie in einer Kiste zwischen Zeitungspapier.

Pflanze schon. Eine flüssige Nachdüngung pro Woche beugt diesem Mangel vor. Im Handel erhältlich sind Flüssigdünger und Dünger in Salzform (→ Abb. 2).

KEINE MACHT DEN SCHÄDLINGEN

In manchen Jahren vermehren sich Blattläuse und Zikaden stark. Sie saugen an den Blättern und führen dort zu unschönen Verkrümmungen. Außerdem übertragen sie Viruserkrankungen. Warten Sie nicht, bis sich tierische Schädlinge breitgemacht haben, denn die ungebetenen Gäste können Sie leicht von vornherein abwehren. Von zahlreichen Firmen werden Stäbchen angeboten, die neben einem Wirkstoff gegen Läuse und andere saugende Insekten auch einen Langzeitdünger enthalten. Sie werden von den Wurzeln aufgenommen und entfalten ihre Wirkung in der ganzen Pflanze (→ Abb. 4).

2 **Nachdüngen:** Die Konzentration des Düngers richtet sich danach, wie viel Sie gießen müssen. Je häufiger Sie gießen, desto weniger Dünger lösen Sie im Gießwasser auf.

3 **Verblühtes entfernen:** Pelargonien reagieren empfindlich auf Nässe. Daher ist es wichtig, regelmäßig verblühte Einzelblüten zu entfernen. Die vertrockneten Blütenblätter bleiben sonst auf dem Laub kleben. Dann kann sich Grauschimmel auf den Pflanzen ausbreiten.

4 **Schädlinge abwehren:** Gegen Blattläuse und alle saugenden Insekten helfen Stäbchen, die Sie in das Substrat stecken. Der Wirkstoff hält die ganze Saison. Vorsicht: Die Stäbchen enthalten auch Dünger, also weniger nachdüngen!

EIN SOMMERTRAUM IN EDLEM VIOLETT

Das braucht man dazu:

PFLANZEN

a) 1 × Bougainvillee
b) 1 × Enzianstrauch
c) 2 × Kapmargerite *Osteospermum ecklonis* 'Pink Bicolor'
d) 3 × Männertreu
e) 3 × Petunie *Petunia*-Hybride 'Cranberry Frost'
f) 1 × Südamerikasalbei
g) 1 × Süßkartoffel *Ipomoea batatas* 'Light Green'

ZUBEHÖR

4 graue Steinguttöpfe (45 cm, 35 cm, 25 cm, 15 cm Ø), 4 passende Kunststofftöpfe, Kübel- und Balkonpflanzensubstrat, Langzeitdünger, Blähton, Tonscherben

Hier gibt die Farbe Violett den Ton an. Vom Rotviolett der Bougainvillee bis hin zur dunklen Variante des Südamerikasalbeis – hier sind viele Schattierungen dieser edel wirkenden Farbe vertreten. Ein Blickfang ist der Enzianstrauch. Kaufen Sie möglichst ein größeres Exemplar.
Der Südamerikasalbei wächst im Laufe eines Sommers kräftig. Sein langer Stamm wird von den Blüten der Kapmargerite verdeckt. Diese großen und stark wachsenden Pflanzen benötigen viel Wasser – an heißen Tagen bis zu dreimal am Tag. Petunie, Süßkartoffel und Männertreu wachsen eher hängend. Sie schaffen eine Verbindung zum Gefäß und zum Boden.
Enzianstrauch, Bougainvillee und Salbei sind mehrjährig. Hell und kühl im Haus überwintert, erfreuen sie jedes Jahr aufs Neue.

KURZINFO

Anlage	Mai
Standort	sonnig
Platzbedarf	4 m^2
Zeitbedarf	1,5 Std.
Pflegebedarf	20 Min./Woche
Level	✻

1 Bougainvillee

Bougainvillea glabra

BLÜTEZEIT: Mai – September, **HÖHE:** 1–3 m
Die Bougainvillee ist eine **Kletterpflanze**, sie braucht daher ein Rankgerüst. Sie will reichlich gegossen werden, Dauernässe aber vermeiden. Im Herbst zurückschneiden, hell und bei mindestens 5 °C überwintern.

2 Enzianstrauch

Lycianthes rantonnetii

BLÜTEZEIT: Mai – Oktober, **HÖHE:** 1,5–2 m
Der Enzianstrauch **wächst stark**, schneiden Sie ihn regelmäßig in Form. Bis August wöchentlich düngen und viel gießen. Hell und frostfrei überwintern.

3 Männertreu

Lobelia erinus

BLÜTEZEIT: Mai – September, **HÖHE:** 10–20 cm
Diesen **Dauerblüher** schneiden Sie bei nachlassendem Flor um ein Drittel zurück, dann blüht er wieder kräftig. Lobelien brauchen volle Sonne, bei Schatten kümmern sie.

4 Südamerikasalbei

Salvia coerulea

BLÜTEZEIT: Mai – Oktober, **HÖHE:** bis 1 m
Ausdauernd blühender und buschig wachsender Salbei, der sich auch als **Schnittblume** für die Vase eignet. Er wächst stark, daher ist er sehr nährstoffbedürftig. Regelmäßig düngen, dann verzweigt sich die Pflanze besser. Bei uns nicht frosthart, hell und kühl überwintern.

Sonne | Halbschatten | hoher Wasserbedarf | giftig

Jetzt ist Tea-Time

MIT FUCHSIEN IN SZENE GESETZT VERWANDELN SICH AUCH SCHATTIGE WINKEL IN OASEN DER RUHE UND ENTSPANNUNG. HÄNGENDE FORMEN UND STÄMMCHEN SORGEN FÜR ABWECHSLUNG.

4

Blütenvielfalt im Halbschatten

Fuchsien in Hülle und Fülle

Das braucht man dazu:

PFLANZEN

a) 4 × Eisenkraut
Verbena-Hybride 'Sky Blue'
b) 4 × Eisenkraut
Verbena-Hybride 'Violet'
c) 1 × Fuchsie, Hochstamm
Fuchsia-Hybride 'Beacon Rosa'
d) 4 × Fuchsie 'Cherry'
e) 4 × Fuchsie 'Lambada'
f) 1 × Fuchsie 'Minirose', Hochst.
g) 13 × Fuchsie 'Palm Springs'
h) 13 × Fuchsie 'Rocket Fire'
i) 5 × Lakritz-Strohblume
Helichrysum petiolare
'Rondello'
j) 3 × Schnappmäulchen
Torenia-Hybride
'Summer Wave'

ZUBEHÖR

4 Kunststoffgefäße (2 × 40 cm Ø, 2 × 30 cm Ø), 2 Balkonkästen (60 cm, Eternit), 2 Hanging Baskets aus Kunststoff (35 cm), Balkonpflanzenerde, Blähton, Hanf- oder Sisalseil (3 m, 6 mm Ø), Schaufel, Langzeitdünger

KURZINFO

Anlage	Mai
Standort	halbschattig, schattig
Platzbedarf	12 m^2
Zeitbedarf	3 Std.
Pflegebedarf	0,5 Std./Woche
Level	✻✻

Sie haben einen schattigen Balkon, auf dem nur für wenige Stunden am Tag die Sonne hereinblinzelt? Ein großer Baum oder ein hohes Gebäude verhindern, dass das Licht ungehindert vordringen kann? Was viele als Nachteil empfinden, kann sich mit der richtigen Bepflanzung zu einem wahren Paradies mausern.

Fuchsien lieben den Schatten

Probieren Sie es doch einmal mit Fuchsien. Die Fuchsie, auch Glockenstock genannt, liebt den Schatten und blüht erst bei wenig Licht so richtig auf. In ihrer Heimat Südamerika wachsen Fuchsien in lichten Bergwäldern bis 3.000 m Höhe. Botaniker haben sie dort vor mehr als 300 Jahren entdeckt. Seither sind weltweit mehr als 10.000 Sorten gezüchtet worden. Viele davon sind nur in Spezialgärtnereien zu bekommen. Aber das riesige Sortiment hält auch eine Vielzahl an gängigen und modernen Hybrid-Sorten bereit, mit denen sich ein schattiger Balkon prima bepflanzen lässt. Der Vorteil: Diese Sorten sind robust, äußerst blühfreudig und in vielen Gärtnereien erhältlich. Achten Sie beim Kauf nicht nur auf die Blüte, sondern auch auf die Wuchsform. Hängende Fuchsien sind ideal für Kästen und Ampeln. Stämmchen sind am besten in größeren Kübeln mit einer passenden Unterpflanzung aufgehoben.

Reichhaltiges Sortiment

Abwechslung in diese von Fuchsien dominierte Pflanzung bringen die verschiedenen Wuchs- und Blütenformen. 'Palm Springs' und 'Rocket Fire' sind hängende Sorten. In Blumenampeln gepflanzt lassen sie ihre Blüten wie in einer Kaskade herabhängen.

Die Fuchsiensorten 'Cherry' und 'Lambada' stehen in Kästen. Sie werden umschmeichelt von den samtigen Blättern der Lakritz-Strohblume. Diese Blattschmuckpflanze steht noch einmal zusammen mit Eisenkraut und Schnappmäulchen den Fuchsien-Stämmchen zu Füßen. Die verwendeten Arten und Sorten für die Unterpflanzung wachsen allesamt schnell und sind schattenverträglich.

Für Balkon und Terrasse wählen Sie als Stämmchen z. B. die Fuchsiensorten 'Beacon Rosa' und 'Minirose', denn sie sind relativ klein und wachsen kompakt. Wenn Sie diese Sorten nicht bekommen, fragen Sie einfach nach anderen Stämmchen mit ähnlichen Eigenschaften. Die Deutsche Fuchsiengesellschaft bietet hierzu im Internet einen übersichtlichen Katalog mit Suchfunktion, Fotos und Bezugsquellen (→ Adresse Seite 157).

Beim Kauf der Fuchsien für die Hanging Baskets sollten Sie darauf achten, dass die Pflanzen noch nicht zu groß sind. Zum einen ist es dann einfacher zu pflanzen. Zum anderen haben moderne Hanging Baskets wie die hier verwendeten Gitterampeln Aussparungen in der Gefäßwand, in welche nur relativ kleine Pflanzen passen. Fuchsien wachsen aber schnell, das Gefäß wird unter der Blütenfülle bald nicht mehr zu sehen sein. Gitterampeln bekommen Sie im Fachhandel oder bei britischen Online-Versendern.

INFO

So fühlen sich Fuchsien wohl

Der ideale Standort für Fuchsien ist schattig und vor Regen geschützt. Besonders gut ist ein Balkon oder eine Terrasse nach Südosten, aber auch Nordwest- und Westseiten eignen sich. Den Winter verbringen die Pflanzen im Haus, am besten in einem hellen kühlen Raum.

Fuchsien kulinarisch

Ihre Pflanzen werden es Ihnen mit üppiger Blütenpracht und einer robusten Gesundheit danken, wenn Sie Verwelktes und die Fruchtansätze regelmäßig entfernen. Wer gerne Neues ausprobiert, darf aber ruhig einmal ein paar Blüten stehen lassen, damit sich Früchte bilden. Die etwa kirschgroßen Fuchsienfrüchte sind essbar und lassen sich zu Marmelade verarbeiten. Dazu kochen Sie die Beeren mit etwas Wasser auf und mischen Gelierzucker im Verhältnis 1:1 unter. Die Marmelade wird besonders lecker, wenn Sie die Beeren vollreif ernten. Probieren Sie es aus.

SO BLÜHT'S IM SCHATTEN RICHTIG AUF

Wenn Sie einen schattigen und vor Regen geschützten Standort für die Komposition aus Fuchsien und ihren Begleitern gefunden haben, brauchen Sie nur noch eine Möglichkeit, die Gitterampeln sicher an der Decke oder an einem Balken aufzuhängen. Dann steht dem Projekt nichts mehr im Wege.

Kübel und Kästen bepflanzen

Da Fuchsien nicht winterhart sind, beginnen Sie mit der Bepflanzung sicherheitshalber erst Mitte Mai. Wenn Sie die Pflanzen im Haus überwintert haben und ins Freie holen, sollten Sie ihnen ein bis zwei Wochen Zeit lassen, um sich an die Lichtverhältnisse anzupassen. In dieser Zeit gilt es, direkte Sonnenbestrahlung zu vermeiden.
Als Substrat eignet sich einfache Balkonpflanzenerde. Es werden zwar auch spezielle Fuchsiensubstrate angeboten, sie sind aber nicht unbedingt notwendig. Wichtig ist hingegen, mit einer Dränage für guten Wasserabzug zu sorgen. Die Fuchsienwurzeln reagieren sehr empfindlich auf Staunässe. Stehen sie zu lange im Wasser, zeigt sich das zunächst an schmutzig grünen Blättern. Im weiteren Verlauf fallen die Blätter dann ab.
Mit einer Schicht aus 10 cm Blähton und einem ca. 2 cm großen Loch im Kübel können Sie Staunässe verhindern. In den Balkonkästen reichen 5 cm Blähton.
Fuchsien sind sehr empfindlich gegenüber Wurzelverlusten. Entfernen Sie beim Umsetzen in das neue Gefäß altes Substrat, aber schonen Sie vor allem die weißen neuen Wurzeln. Setzen Sie die Fuchsiensorten 'Lambada' und 'Cherry' in die Kästen, 'Minirose' und 'Beacon Rosa' kommen in die Kübel. Dann folgt die Unterpflanzung aus Strohblume, Eisenkraut und Schlappmäulchen. Gehen Sie dabei am besten so vor, wie in Projekt 8 auf Seite 117–119 beschrieben.

Hanging Baskets vorbereiten

Die Fuchsiensorten 'Palm Springs' und 'Rocket Fire' kommen in die zwei Hanging Baskets. Die jeweils 13 Exemplare verteilen sich auf drei Etagen: zuunterst vier Exemplare, darauf noch einmal vier und zuoberst fünf (→ Abb. 5–9).
Besorgen Sie sich statt der klassisch englischen Hanging Baskets lieber zwei Gitterampeln aus Kunststoff. Sie besitzen einen kleinen Wasserspeicher, was die kontinuierliche Wasserversorgung erleichtert. Auf den ersten Blick sind die Gitterampeln zwar nicht so schön, aber die Pflanzen überdecken den Kunststoff schnell.
Um die Hanging Baskets fest und sicher aufzuhängen, bohren Sie ein Loch in die Decke und bringen einen Schraubhaken mit Dübel an. Alternativ können Sie die Gefäße auch an einem Balken aufhängen. Gehen Sie bei der Aufhängung auf Nummer sicher, die Gitterampeln sind nach dem Bepflanzen schwer. Schön und reißfest zugleich sind Kordeln aus Hanf.

1 **Stanzungen öffnen:** Moderne Hanging Baskets sind innen mit einer wurzeldichten Folie ausgelegt. Die Pflanzlöcher sind vorgestanzt. Drücken Sie sie vor dem Bepflanzen einfach heraus.

2 **Folie einlegen:** Passen Sie die Folie der Form des Hanging Baskets an. Sie sollte genau mit den Löchern und Topfrändern abschließen.

3 **Substrat einfüllen:** Mischen Sie das Substrat mit einem Langzeitdünger. Richten Sie sich dabei nach den Angaben auf der Packung. Dann füllen Sie auf den Gitterboden zuerst eine 5 cm hohe Schicht des Substrat-Dünger-Gemisches.

Eine schönere Oberfläche haben Ampeln aus Keramik.

4 **Austopfen:** Topfen Sie immer nur so viele Fuchsien aus, wie in einer Lage Platz haben. So vermeiden Sie, dass die Wurzeln antrocknen und die Pflanzen schlappmachen.

5 **Pflanzen einsetzen:** Jetzt setzen Sie die Fuchsienpflanzen in den Korb. Das ist etwas knifflig. Legen Sie zunächst eine Pflanze in die Gitterampel und schieben Sie die Blätter und Stängel vorsichtig von innen nach außen durch das Loch.

6 **Vier pro Lage:** In die erste Lage kommen vier Pflanzen, jeweils im 90-Grad-Winkel versetzt. Das sieht am Anfang noch etwas mickerig aus. Sie werden aber sehen, schon in wenigen Wochen füllen die Pflanzen die gesamte Ampel aus.

7 **Zwischenschicht einziehen:** Auf die erste Schicht Pflanzen füllen Sie nun eine weitere Schicht Substrat, und zwar bis zur Höhe der nächsten Stanzlöcher. Drücken Sie es leicht an und füllen Sie auch die Zwischenräume aus.

8 **Außenring pflanzen:** Mit der obersten Reihe außen verfahren Sie wie in Schritt 5 beschrieben. Drücken Sie die frisch ausgetopften Pflanzen vorsichtig von innen nach außen durch die Stanzung. Das geht problemlos, wenn die Pflanzen noch nicht zu groß sind.

9 **Auffüllen und komplettieren:** Die übrigen fünf Exemplare kommen in das »Dach« des Hanging Baskets. Sie finden in den Zwischenräumen Platz. Füllen Sie jetzt noch mit Substrat auf. Dabei 2 cm Gießrand frei lassen.

10 **Hanfkordel befestigen:** Jetzt die Hanfkordel mit einem Doppelknoten befestigen. Dann hängen Sie den Hanging Basket an einen Schraubhaken, der mit einem Dübel in der Decke oder in einem Balken verankert ist.

FUCHSIEN UND ANDERE SCHATTENLIEBHABER

1 Eisenkraut
Verbena-Hybride 'Violet'

BLÜTEZEIT: Mai – September, **HÖHE:** 10 cm
Typisch für diese Verbene ist ihr **ausladender und dichter Wuchs**. Sie eignet sich daher gut als Unterpflanzung und für Hanging Baskets. Die schnellwachsende Pflanze ist tolerant gegenüber Hitze- und Nässeperioden und übersteht sogar leichten Frost. Bei längerer Staunässe stellt Eisenkraut allerdings seine Blüte ein. Die ebenfalls verwendete Sorte 'Sky Blue' trägt hellblaue Blüten.

2 Fuchsie
Fuchsia-Hybride 'Beacon Rosa'

BLÜTEZEIT: Mai – September, **HÖHE:** 100 cm
'Beacon Rosa' ist extrem pflegeleicht. Sie erfreut mit ihrem kräftig dunkelgrünen Laub und **pausenloser Blüte**. Die Pflanze wächst aufrecht und ist sehr wetterfest. Wegen diesen Eigenschaften gehört sie zu den beliebtesten Fuchsien-Sorten. Es gibt sie als Hochstämmchen in vielen Gärtnereien zu kaufen.

3 Fuchsie
Fuchsia-Hybride 'Lambada'

BLÜTEZEIT: Mai – September, **HÖHE:** 50 cm
'Lambada' ist eine **kleinblütige Fuchsie** mit violett-blauen Blüten. Sie wächst buschig und verzweigt sich auch ohne Nachhilfe gut. Damit die Pflanze den ganzen Sommer über kräftig blüht, sollten Sie die Früchte regelmäßig mit den Fingern ausknipsen. Obwohl diese Sorte wie alle Fuchsien den kühlen Halbschatten liebt, übersteht sie auch Hitzeperioden gut. Aufgrund ihrer Unempfindlichkeit ist 'Lambada' auch für Anfänger sehr zu empfehlen.

Sonne Halbschatten Schatten hoher Wasserbedarf

4 Fuchsie
Fuchsia-Hybride 'Minirose'

BLÜTEZEIT: Mai – September, **HÖHE:** 50 cm
Die Blüten dieser aufrechten Sorte sind äußerst zierlich. Der **üppige Blütenflor** an den Enden der Triebe hängt leicht nach unten. Auch die Sorte 'Cherry' wächst aufrecht.

5 Fuchsie
Fuchsia-Hybride 'Rocket Fire'

BLÜTEZEIT: Mai – September, **HÖHE:** 50 cm
'Rocket-Fire' gehört wie die ebenfalls verwendete Sorte 'Palm Springs' zu den hängenden Fuchsien. Typisch sind ihre **magentaroten Blüten** und die kräftig grünen Blätter.

6 Lakritz-Strohblume
Helichrysum petiolare 'Rondello'

BLÜTEZEIT: Mai – September, **HÖHE:** 50 cm
Diese **Blattschmuckpflanze** gibt es in mehreren Sorten, die sich in Blatt- und Wuchsform stark unterscheiden. 'Rondello' zeichnet sich durch runde, etwas fleischige Blätter aus. Sie ist ein anspruchsloser Geselle.

7 Schnappmäulchen
Torenia-Hybride 'Summer Wave'

BLÜTEZEIT: Mai – September, **HÖHE:** 50 cm
Das Schnappmäulchen, auch Samtgesicht genannt, bildet unermüdlich eine **dichte Blütenfülle**. Die Pflanzen sind im Halbschatten bestens aufgehoben. Sie reagieren empfindlich auf zu nasses Substrat. Verblühtes entfernen.

Duft winterhart giftig pflegeleicht

FUCHSIENPFLEGE VON A BIS Z

Fuchsien benötigen ein bisschen Aufmerksamkeit, damit sie gut gedeihen. Das Gute ist: Halten Sie sich an die Pflegetipps für Fuchsien, dann fühlen sich auch die Begleitpflanzen wohl. Fuchsien sind sehr empfindlich gegen Staunässe. Daher gilt es, die Feuchte im Topf immer unter Kontrolle zu haben. Der richtige Zeitpunkt zum Gießen ist gekommen, wenn sich die Oberfläche leicht trocken anfühlt, das Substrat darunter aber noch etwas feucht ist.
Vor allem in den Kübeln mit einer dichten Unterpflanzung sollten Sie den Feuchtezustand genau im Blick haben. Gehen Sie nicht davon aus, dass Kübelpflanzen vom Regen bewässert werden. Die Unterpflanzung hält jeglichen Regen ab, maximal die Oberfläche wird nass.
Während des Wachstums im Sommer können Sie den Wuchs und die Blütenbildung der Fuchsie beeinflussen. Einen buschigen Wuchs erzielen Sie, indem Sie die Triebspitze der Fuchsien mit den Fingern entfernen, sobald sich drei Blattpaare gebildet haben. Dieses Entspitzen regt die Seitenknospen zum Neuaustrieb an. An den Triebenden werden die Blüten gebildet. Je öfter Sie entspitzen, desto mehr Blüten werden gebildet.

EIN NEUES REFUGIUM

Wenn Sie Ihre Fuchsien-Hochstämmchen überwintert haben, schneiden Sie den Vorjahrestrieb Ende Februar, Anfang März bis auf zwei Blattpaare zurück. Diese Maßnahme bewirkt, dass die Krone nicht verkahlt und sich viele neue Blütentriebe bilden. Jetzt ist auch der beste Zeitpunkt zum Umtopfen. Jüngere Fuchsien sollten Sie jedes Jahr, ältere Exemplare ab etwa 45 cm Kübeldurchmesser alle paar Jahre umtopfen. Wählen Sie das neue Gefäß etwa 2 cm größer als das alte. Sind die Fuchsien bis zum Topfrand hin bewurzelt oder gar verfilzt, kürzen Sie die Wurzeln ein. Entfernen Sie dafür mit einem scharfen Messer vom Rand her gleichmäßig ein Viertel bis ein Drittel der Wurzeln. Dann setzen Sie die Pflanze so tief in das neue Gefäß, wie sie im alten gestanden hat. Jetzt einmal durchdringend wässern, das fördert den Neuaustrieb.
Mischen Sie beim Umtopfen einen Langzeitdünger, der ausreichend Nährstoffe für das Wachstum bereithält, in das Substrat. Dann sind die Pflanzen den Sommer über versorgt. Auch wenn Sie keinen Langzeitdünger zumischen, reicht der Nährstoffvorrat im Substrat etliche Wochen. Erst wenn die neuen Triebe Blätter besitzen, düngen Sie bei Substraten ohne Langzeitdünger einmal pro Woche flüssig nach. Beachten Sie hier die Hinweise auf Seite 34–35.

1

1 **Pflanzenschutz:** Da Fuchsien häufig von Pilzen wie Rost oder Falschem Mehltau befallen werden, spritzen Sie ab Juli ein- bis zweimal vorbeugend ein Fungizid. Eine Spritze hilft beim dosieren.

2 **Früchte ausknipsen:** Fuchsien blühen reicher, wenn Sie die Früchte regelmäßig ausknipsen. Je früher das geschieht, desto weniger Kraft geht für die Fruchtbildung verloren. Dann bilden sich stattdessen mehr Blüten.

PFLANZENSCHUTZ MUSS SEIN

Neben der richtigen Bodenfeuchte ist das Ausputzen der Fuchsien die wichtigste Pflegemaßnahme. Gerade in Verblühtem halten sich viele Krankheitserreger. Regelmäßiges Abschutteln und Auszupfen verhindert Grauschimmel (*Botrytis*). Daneben ist auch der Fuchsienrost ein echtes Problem. Er zeigt sich durch einen rostbraunen Belag auf den Blattunterseiten. Je früher Sie einen Befall erkennen und behandeln, desto erfolgreicher können Sie ihn eindämmen. Kontrollieren Sie daher die Blätter regelmäßig. Das gilt auch für andere Pilze wie den Falschen Mehltau.
Bei den ersten Anzeichen hilft die Behandlung mit einem Breitband-Fungizid (→ Abb. 1). Sie bekommen es in Gärtnereien und Gartencentern oder auch in Baumärkten mit Gartenabteilung. Die Mittel sind nicht frei zugänglich. Fragen Sie an der Kasse. Nach einer zweimaligen Behandlung im Abstand von acht bis zehn Tagen sollte der Befall merklich zurückgegangen sein.
Tierische Schädlinge wie Blattläuse, Spinnmilben und Mottenschildläuse treten häufiger im Winterquartier auf. Hier können Sie die Schädlinge mit Nützlingen wie Raubmilben oder Schlupfwespen in Schach halten. Diese biologischen Mittel bekommen Sie ebenfalls im Fachhandel oder auch im Internet.

ÜBERWINTERN – ABER RICHTIG

Räumen Sie die Fuchsien vor dem ersten Frost in das Überwinterungsquartier. Ideal sind helle Räume wie Wintergärten und Temperaturen zwischen 2 und 7 °C. Fuchsien können allerdings auch dunkel, z. B. an einem Kellerfenster oder auf einem Dachboden, überwintern. Bei der dunklen Überwinterung verlieren Fuchsien allerdings ihr Laubkleid, unter ungünstigen Bedingungen sterben sie auch schon mal ab.
Im Winterquartier sind Fuchsien besonders anfällig für Pilze und Schädlinge. Beugen Sie vor, indem Sie die Hälfte bis zwei Drittel des Sommerzuwachses entfernen. Dabei sollten Sie auch alle kranken Blätter und Blüten entfernen. Lüften Sie häufig und gießen Sie sehr sparsam, dann kommen die Pflanzen gut über den Winter.

3 **Gitterampeln gießen:** Die Hanging Baskets verdunsten sehr viel Wasser. Regelmäßiges Gießen ist trotz Wasserspeicher unerlässlich.

FARBTUPFER FÜR SCHATTIGE ECKEN

Das braucht man dazu:

PFLANZEN
a) 1 × Buchsbaum
Buxus sempervirens
b) 2 × Garten-Stiefmütterchen
Viola × wittrockiana
c) 1 × Gefleckte Taubnessel
Lamium maculatum
d) 1 × Rhododendron
e) 1 × Schneefeder-Funkie
Hosta undulata 'Albomarginata'
f) 1 × Wacholder
Juniperus communis

ZUBEHÖR
3 glasierte Steinguttöpfe (35 cm, 20 cm, 15 cm Ø), 3 Terrakottatöpfe (16 cm), Kübelpflanzensubstrat, Rhododendronsubstrat, Langzeitdünger, Blähton

Gerade für Balkone mit wenig Platz bietet sich eine Gestaltung mit Einzelpflanzen in Gruppen an. Ab März kommen die zarten Blüten der Stiefmütterchen groß raus. Die Hoch-Zeit dieser Bepflanzung aber ist das späte Frühjahr. Nichts lenkt den Betrachter des Rhododendrons von dem prächtig leuchtenden Rosa seiner Blüten ab. Das Hartlaubgewächs liebt sauren Boden und braucht unbedingt Rhododendronsubstrat. Den Sommer über setzen die Blatt- und Wuchsformen von Buchs, Wacholder und Taubnessel ihre Akzente. Alle Pflanzen sind winterhart. Damit die Blätter von Buchs, Rhododendron und Wacholder während der kalten Jahreszeit nicht vertrocknen, benötigen die Pflanzen einen Sonnenschutz und Wasser. Um die Funkie zu überwintern, setzen Sie die Pflanze in ein größeres Gefäß.

KURZINFO

Anlage	April
Standort	halbschattig
Platzbedarf	6 m²
Zeitbedarf	1,5 Std.
Pflegebedarf	15 Min./Woche
Level	✽

1 Buchsbaum

Buxus sempervirens

BLÜTEZEIT: April – Mai, **HÖHE:** 30–100 cm
Das Markenzeichen des Buchsbaums ist sein **langsames Wachstum**. Den dichten immergrünen Strauch können Sie im Sommer mit einer Heckenschere in Form schneiden.

2 Garten-Stiefmütterchen

Viola × wittrockiana

BLÜTEZEIT: ab März, **HÖHE:** 20 cm
Stiefmütterchen sind zwar klassische Frühlingsblüher, an einem schattigen Platz blühen sie aber **den ganzen Sommer** über. Sie brauchen ein gleichmäßig feuchtes Substrat. Jede Woche einmal flüssig düngen.

3 Rhododendron

Rhododendron yakushimanum 'Heinje's Select'

BLÜTEZEIT: Mai, **HÖHE:** 100 cm
Wegen ihres **kompakten Wuchses** sind Yakushimanum-Hybriden auch für kleinere Gärten und Kübel geeignet. Pralle Mittagssonne vertragen sie nicht. Sie sind sehr frosthart und können mit Sonnenschutz im Freien überwintern. An frostfreien Tagen etwas wässern.

4 Schneefeder-Funkie

Hosta undulata 'Albomarginata'

BLÜTEZEIT: Juli – August, **HÖHE:** 40 cm
Typisch für diese Sorte sind die **gewellten Blätter** und der weiße Rand. Im April und Mai benötigen Funkien viele Nährstoffe, die Sie am besten flüssig verabreichen.

Sonne   Halbschatten   winterhart

SICHERHEIT GEHT VOR

Wind und Wetter machen auch vor Balkon und Terrasse nicht halt. So kann ein kräftiges Sommergewitter schon mal Ihre Kübelpflanzen umwerfen. Noch ärgerlicher wird es, wenn Blumentöpfe einen Stock tiefer zerschellen. Daher sollten Sie der Blütenpracht in Kübeln und Kästen einen sicheren Halt verschaffen. Besondere Gefahrenpunkte sind Balkonbrüstungen, die über Gehwege oder Flächen von Nachbarn gebaut sind. Vor allem kleinere Gefäße sollten Sie sichern, indem Sie sie in Topfhalter setzen, die nach innen montiert werden. Balkonkästen und Ampeln brauchen immer eine sichere Halterung. Sorgen Sie gleich zu Beginn der Saison dafür, dass alle Gefäße sicher stehen oder hängen, denn wenn die Pflanzen noch klein sind, lassen sich die Gefäße leichter handhaben. Auslaufendes Gießwasser kann auf glatten Fließen einen schmierigen Belag bilden. Abhilfe verschaffen Wasserspeicherkästen, die kein Tropfwasser zulassen.

1 **Kiesdränage:** Töpfe kippen nicht so schnell um, wenn Sie zuunterst eine Lage Kies als Dränage einfüllen. Vor allem leichtere oder hohe Gefäße aus Kunststoff oder Schalen, die erhöht auf einer Mauer oder Säule stehen, gewinnen so an Standfestigkeit. Damit das Gefäß ausreichend dräniert wird, sollten Sie mindestens 5 cm Kies einfüllen. Kies ist günstiger als Blähton, speichert aber kein Wasser. Günstigen Kies gibt's beim Schotterwerk – geeignet ist jede Gesteinsart.

2 **Wasserspeicherkästen:** Wer im Sommer kräftig gießt, riskiert schon mal, dass Gießwasser ausläuft. Das gibt nicht nur Ärger mit dem Nachbarn, sondern kann auf glatten Fließen zur Rutschgefahr werden. Verwenden Sie Wasserspeicherkästen, dann läuft kein Gießwasser über, und die Pflanzen bekommen ausreichend Wasser. Der Wasserspeicher fasst um die 5 Liter, dadurch werden die Kästen schwer. Sorgen Sie daher für eine besonders sichere Aufhängung.

3 **Ampelhaken:** Ampeln und Hanging Baskets können im Laufe des Sommers, wenn die Pflanzen wachsen, sehr schwer werden. Als Aufhängung eignen sich Haken, z. B. aus Schmiedeeisen. Sie sind robust und können schnell wieder abgenommen werden. Um den Haken zu verankern, bohren Sie ein Loch in die Wand oder die Decke. Schraube und Dübel sollten einen Durchmesser von mindestens 5 mm haben. Prüfen Sie vor dem Aufhängen, ob das Material der Wand oder Decke der Belastung standhält.

4 **Topfhalter:** Kleinere Töpfe können Sie mit Topfhaltern sichern. Es gibt sie für die Balkonbrüstung und zum an die Wand schrauben. Achten Sie bei der Auswahl nicht nur auf das Design, sondern auch auf ein witterungsbeständiges Material und eine knappe Passform. Die Töpfe werden nur hineingestellt und nicht befestigt. Bringen Sie die Halter daher immer auf der Innenseite des Balkons an. Sonst besteht die Gefahr, dass die Töpfe bei Sturm vom Balkon fallen.

5 **Balkonkastenhalter:** Für die Sicherheit von Balkonkästen sorgen verstellbare Winkel. Achten Sie beim Kauf darauf, dass die Größenangaben zu Ihrer Balkonbrüstung passen. Schieben Sie die Winkel so nah zusammen, dass das Geländer fest eingespannt ist. Erst dann schrauben Sie sie fest. Winkelbefestigungen eignen sich nur für rechteckige Balkonbrüstungen. Zum Schutz von Holz und Lack klemmen Sie Filz oder eine Folie zwischen Winkel und Brüstung.

Die Gäste fühlen sich wohl

KLARE STRUKTUREN, SCHLICHTES DESIGN UND KÜHLE FARBEN WIRKEN EDEL UND MODERN. MIT EIN PAAR TRICKS UND DER RICHTIGEN PFLANZENAUSWAHL ERZEUGEN SIE ÄSTHETIK PUR.

5

Terrasse im modernen Design

Prächtige Blüten und klare Linien

Das braucht man dazu:

PFLANZEN

a) 2 × Afrikanische Schmucklilie *Agapanthus africanus* (weiß und blau)
b) 4 × Blaues Gänseblümchen *Brachyscome multifida* 'Mauve mystique'
c) 1 × Jasminnachtschatten *Solanum jasminoides*
d) 4 × Weiße Engelstrompete *Brugmansia × candida*
e) 6 × Weißes Straußgras *Agrostis stolonifera* 'Green Twist'

ZUBEHÖR

6 Pflanzgefäße aus Fiberglas: 2 kubische (1 × 30 cm, 1 × 40 cm), 3 hohe (2 × 70 cm, 1 × 80 cm hoch), 1 × längliches (60 cm lang, 80 cm hoch), Kübelpflanzenerde, Langzeitdünger, Tonscherben, Blähton, Vlies, Akkubohrer

KURZINFO

Anlage	Mai
Standort	sonnig, halbschattig
Platzbedarf	20 m^2
Zeitbedarf	2 Std.
Pflegebedarf	30 Min./Woche
Level	✻

Die klassische Terrassenbepflanzung ist Ihnen zu üppig und beschaulich? Sie sind kein romantischer Typ, sondern lieben es elegant und stilvoll? Dann wird Sie diese architektonische Gestaltung begeistern. Hier dominieren schlichte Formen. Die Gefäße wirken exklusiv und wiederholen sich in verschiedenen Größen.

Der Stil der architektonischen Terrasse zeigt sich aber vor allem bei der Pflanzenauswahl. Die Gestaltung kommt mit nur fünf Pflanzenarten aus, die sich dafür öfter wiederholen. Statt Blütenpracht und -fülle lenken große Einzelblüten die Aufmerksamkeit auf sich.

Das Gute ist: Ob Straußgras, Engelstrompete oder Schmucklilie – sie alle gehören zu den Pflanzen, die sich auch ohne größere Pflege prächtig entwickeln. In der Woche reichen wenige Minuten für die Instandhaltung aus. Das kommt dem Lebensrhythmus und Zeitgeist vor allem berufstätiger Menschen entgegen.

Die ideale Kulisse dieses Pflanzenarrangements ist architektonisch klar, modern und einfach gehalten. Vor Beton, Stahl und Glas wirken die Pflanzcontainer am effektvollsten. Auch auf großen Holzterrassen in verblichener Optik kommen sie gut zur Geltung.

Reduziertes Farbenspiel

In dieser Gestaltung gibt es nur zwei Farbtöne, die sich wiederholen: Weiß und Blau. Die Afrikanische Schmucklilie bietet von Natur aus beides. Sie wächst in breiten Horsten, die riemenförmigen Blätter beugen sich elegant über den Topfrand herab. Die trichterförmigen Blüten stehen in luftiger Höhe in kugeligen Dolden. Mischen Sie beim Einkauf blaue und weiße Sorten.
Die Engelstrompete beeindruckt mit ihrem klaren Weiß, das durch die großen Trompetenblüten besonders schön zur Geltung kommt. Diese tropische Schönheit braucht etwas Platz, um ihre Wirkung voll zu entfalten. Ebenfalls weiß, wenngleich viel dezenter, blüht der Jasminnachtschatten. Diese Kletterpflanze aus Südamerika wächst fleißig den ganzen Sommer über. Trotz ihres irreführenden Namens ist sie geruchlos.
Unscheinbar, aber zahlreich leuchten dagegen die blauvioletten Blüten des Blauen Gänseblümchens. Die Blüten mit dem gelben Blütenboden sind denen unseres heimischen Gänseblümchens recht ähnlich, auch wenn die beiden Pflanzen nicht direkt miteinander verwandt sind.
Das einheimische Straußgras bildet ein strukturgebendes Element in dieser Gestaltung. Die Sorte 'Green Twist' wird auch als Hängebambus bezeichnet, denn sie schickt schnell Ausläufer über den Rand und am Topf herab.
Natürlich können Sie auch andere Pflanzen und Farben für Ihre Terrasse wählen. Aber spielen Sie dabei mit Weiß als Partnerfarbe. Weiß verleiht jeder Kombination eine schlichte Eleganz.

Höhen und Tiefen

Der Wechsel zwischen Blau und Weiß kommt am besten hervor, wenn Sie mattgraue Fiberglasgefäße wählen. Sie wirken besonders edel. Die besondere Ästhetik dieser architektonischen Terrasse entsteht aber vor allem durch die unterschiedlichen Höhen der Gefäße und Pflanzen. Schlanke und breite Pflanzcontainer wechseln sich ab. So entsteht eine schlichte Höhenstaffelung. Die edle Wirkung geht verloren, wenn Sie zu viele unterschiedlich hohe Gefäße mischen. Wenn Sie sehr viel Platz haben, wiederholen Sie lieber einige Gefäßgrößen. Dazu eignen sich vor allem die Würfel, die mit der Schmucklilie bepflanzt werden. Durch die Verwendung blauer und weißer Sorten erzielen Sie dennoch genug Abwechslung. Auf sehr großen Terrassen können Sie natürlich auch zu wesentlich größeren Containern und Pflanzen greifen. Nur bei der Engelstrompete sollten Sie sich zurückhalten, sie wächst ohnehin schnell zu einem stattlichen Exemplar heran. Bedenken Sie auch, dass Sie eine Möglichkeit zum Überwintern der Pflanzen brauchen. Auf kleiner Fläche reichen hingegen schon zwei Container unterschiedlicher Höhe, um eine schöne Wirkung zu erzielen.

INFO

Heiße Töpfe

Oft wird von schwarzen Pflanzkübeln abgeraten, weil sie sich stark aufheizen und die Wurzeln Schaden nehmen könnten. Aber wissenschaftliche Erkenntnisse zeigen, dass die Temperaturen kaum schädliche Höhen erreichen.

HOHE GEFÄSSE RICHTIG BEPFLANZEN

Engelstrompeten sind vorgetrieben in Gartenmärkten ab April zu haben, das heißt, zu dieser Zeit blühen die Pflanzen noch nicht, haben im Gewächshaus aber bereits die ersten neuen Triebe gebildet. Bedenken Sie, dass Engelstrompeten im Laufe eines Jahres stark wachsen. Zwei kleinere Exemplare um 90 cm Höhe und zwei größere um 120 cm bringen die nötige Höhenstaffelung.
Die schönsten Schmucklilien bekommen Sie ebenfalls ab April. Kaufen Sie weiße und blaue Sorten. Auch die anderen Pflanzen bekommen Sie jetzt am besten. Los geht es mit der Bepflanzung je nach Witterung Anfang bis Mitte Mai. Bei drohendem Frost die Pflanzen bis dahin am besten ins Haus holen.
Für die architektonische Gestaltung benötigen Sie rechteckige, hohe Gefäße. Schön und leicht sind Fiberglasgefäße in grauer Terrazzo-Optik. Terrazzo ist eine Mischung aus Zement und Kalk, in der helle oder bunte Steine eingearbeitet sind. Das Material ist sehr schwer. Daher greifen Sie stattdessen besser zu Fiberglas, dessen Oberfläche das Terrazzo nachahmt. Pflanzgefäße aus Fiberglas bekommen Sie im gut sortierten Gartenfachhandel oder zunehmend auch im Internet.

Opfern Sie einen Tontopf, damit haben Sie genügend Tonscherben für die Abzugslöcher.

Dränage ist wichtig

Das Material erlaubt es, direkt in die Gefäße zu pflanzen. Es ist aber genauso gut möglich, die Gefäße nur als Übertöpfe zu verwenden. In jedem Fall sollten Sie ein Loch in den Boden des Pflanzgefäßes bohren (→ Abb. 1). Durch das Loch kann überschüssiges Wasser abfließen. So wird Staunässe vermieden, die Wurzeln bekommen genug Sauerstoff und faulen nicht.
Sorgen Sie mit einer Schicht Blähton für eine gute Dränage im Pflanzkübel. Blähton ist Ton, der unter Hitze und Druck zum Explodieren gebracht wurde. Dadurch ist das Material extrem leicht und wasserdurchlässig, kann aber auch Wasser speichern. Diese Eigenschaft ist vor allem bei längerer Trockenheit von Vorteil. Als Dränagematerial kommen für kleinere Gefäße auch Sand oder Kies infrage. Die Gefäße, vor allem größere, werden dadurch aber unnötig schwer.
Je höher das Gefäß, desto höher darf auch die Dränageschicht sein. Bei Kübeln sollten es mindestens 10 cm sein (→ Abb. 3). Auf diese Weise spart man auch Substrat und das Gefäß wird leichter. Zu viel Dränage nimmt den Wurzeln Platz weg. Faustregel: Für den Wurzelballen soll gut ein Drittel mehr Platz im neuen Gefäß sein.
Zwischen der Dränageschicht und dem Substrat können Sie ein Gartenvlies legen (→ Abb. 4). Sie bekommen es im Gartencenter. Das Vlies verhindert, dass die Pflanzen die Dränageschicht durchwurzeln. Substrat und Dränage mischen sich nicht, und das Abzugsloch bleibt frei. Wenn Sie umtopfen, können Sie das Dränagematerial sauber entnehmen und wiederverwenden.

Nicht am Substrat sparen

Neben der Dränageschicht verhindert auch die Wahl des richtigen Substrates, dass die Pflanzgefäße vernässen. Verwenden Sie für diese Bepflan-

1 **Loch bohren:** Bohren Sie mit einem Akkubohrer vorsichtig ein Loch mit etwa 1 cm Durchmesser. So kann überschüssiges Wasser abfließen.

zung unbedingt hochwertige Kübelpflanzenerde. Diese sollte mit gebrochenem Blähton oder Blähschiefer angereichert sein. Beide Materialien gewährleisten den Wasserabzug bei Nässe und speichern Wasser bei Trockenheit. Gleichzeitig verhindern sie, dass das Substrat im Laufe der Zeit sackt und sich verdichtet. Achten Sie auf die Angaben auf der Packung.

Baummärkte bieten neben Markensubstraten häufig auch günstigere Alternativen an. Vor allem wenn es um die Pflanzung von langlebigen Kübelpflanzen geht, sollten Sie sich von diesen Angeboten nicht verleiten lassen. Billigsubstrate bestehen zum Teil aus Abfallstoffen oder anderen minderwertigen Ausgangsbestandteilen.

Jetzt verteilen Sie die Pflanzen auf die sechs Gefäße. Zuerst setzen Sie die großen Pflanzen ein, immer etwas zum Rand versetzt, damit die Unterpflanzung Platz hat. Je eine Schmucklilie kommt in einen kubischen und einen hohen Kübel. Die beiden großen Engelstrompeten setzen Sie in verschieden hohe Kübel. Ein kleines Exemplar kommt in einen kubischen Kübel, das andere in den länglichen Kasten.

Dann legen Sie die Unterpflanzung aus. Stimmt die Anordnung, zeigt die schöne Seite immer nach vorne zum Gefäßrand? Dann können Sie jetzt die Pflanzen einsetzen.

2 **Tonscherbe legen:** Auf das Loch legen Sie von innen ein Stück von einem zerbrochenen Blumentopf. Legen Sie die Scherbe so herum, dass die Wölbung nach oben zeigt. So bleibt das Loch frei von Substrat und verstopft nicht.

3 **Blähton einfüllen:** Als Dränage eignet sich Blähton. Hierdurch kann Wasser ungehindert abfließen. Als Nebeneffekt sparen Sie Substrat. Füllen Sie das Material etwa 10 cm hoch auf.

4 **Vlies auslegen:** Schneiden Sie das Vlies so zu, dass es einige Zentimeter über die Gefäßwand hinausragt, und legen Sie es dann oben auf die Blähtonschicht. Die Ränder ragen etwas hoch.

5 **Langzeitdünger einmischen:** Ins Substrat mischen Sie nun Langzeitdünger. Er sorgt dafür, dass die Nährstoffe bis in den Herbst hinein kontinuierlich an die Pflanzen abgegeben werden. Ein Messbecher hilft beim Dosieren.

6 **Substrat einfüllen:** Füllen Sie nun das Substrat-Dünger-Gemisch locker etwa bis zur halben Höhe des Gefäßes ein, je nachdem, wie hoch der Wurzelballen ist.

7 **Pflanze einsetzen:** Jetzt kommt die Pflanze mittig ins Gefäß. Ist sie stark bewurzelt, lockern Sie zuvor den Wurzelballen auf und kratzen altes Substrat heraus. Durch diese Maßnahme werden die Wurzeln zwar leicht verletzt, das regt sie aber zu neuem Austrieb an.

8 **Unterpflanzung setzen:** Nun füllen Sie das restliche Substrat nicht ganz bis zum Topfrand auf. Für die Pflanzlöcher der Unterpflanzung schieben Sie einfach mit der Hand etwas Substrat zur Seite. Dann setzen Sie die Pflanzen ein und drücken sie leicht an.

9 **Gießrand lassen:** Zum Schluss gießen Sie ausgiebig, so wachsen die Pflanzen schnell ein. Damit kein Wasser überläuft, lassen Sie beim Pflanzen einen Gießrand von ca. 2 cm.

ELEGANTE SCHÖNHEITEN

1 Afrikanische Schmucklilie
Agapanthus africanus

BLÜTEZEIT: Juli, **HÖHE:** 1 m
Schmucklilien kommen ursprünglich aus Südafrika, daher lieben sie es sonnig und warm. Vor der Blüte reichlich gießen, aber für Abzug im Topf sorgen, denn die Schmucklilie verträgt keine Staunässe. Nach der Blüte im August gießen Sie die Pflanze spärlicher. Die **bis zu 1 m langen Blütenstiele** können im Wind leicht knicken. Stellen Sie die Pflanzen windgeschützt auf oder stützen Sie die Blütenstiele mit Stäben. Die meisten Blüten bilden sich, wenn es der Pflanze im Container zu eng wird. Topfen Sie also erst um, wenn es gar nicht mehr anders geht. Die Pflanze verträgt absolut keinen Frost, benötigt aber kühle Winter, damit sie im kommenden Jahr wieder blüht. Optimal zum Überwintern sind ungeheizte Wintergärten.

1

2

2 Blaues Gänseblümchen
Brachyscome multifida 'Mauve mystique'

BLÜTEZEIT: Mai – September, **HÖHE:** 20 cm
Das Blaue Gänseblümchen stammt aus Australien. Rosa oder **fliederblaue Zungenblüten** umgeben seinen gelb schimmernden Blütenboden. Die Pflanze bleibt relativ kompakt und gedeiht gut in sonnigen bis halbschattigen Lagen. Das Blaue Gänseblümchen leidet schnell unter Eisenmangel, wodurch die Blätter gelb werden. Zur Vorbeugung empfiehlt es sich, die Pflanze in ein spezielles Substrat (z. B. Surfinia-Substrat) zu setzen. Wenn Sie in Gegenden mit hartem Wasser wohnen, gießen Sie am besten mit Regenwasser. So gelangt weniger Kalk ins Substrat und der pH-Wert steigt nicht an. Die einjährige Pflanze ist pflegeleicht. Die Blüten fallen von selbst ab, müssen also nicht ausgeputzt werden.

Sonne Halbschatten Schatten hoher Wasserbedarf

3 Jasminnachtschatten
Solanum jasminoides

BLÜTEZEIT: Mai – Oktober, **HÖHE:** 2 m
Die Kletterpflanze bildet den Sommer über **unablässig neue Triebe**, die Sie schon mal zurückschneiden sollten. Täglich gießen und zweimal pro Woche flüssig düngen. Im Herbst Triebe um ein Drittel einkürzen. Hell und kühl überwintern. Nach dem Austrieb im Frühjahr erneut stutzen. Giftig

4 Weiße Engelstrompete
Brugmansia × candida

BLÜTEZEIT: Mai – Oktober, **HÖHE:** 1,2 m
Die mit dem Stechapfel verwandte Pflanze ist leicht giftig. Die **langen weißen Blüten** vertragen die Mittagshitze nicht so gut, am besten entfalten sie sich im Halbschatten. An heißen Tagen zweimal täglich gießen. Um den ungestümen Wuchs im Zaum zu halten, sollten Sie während des Wachstums die Triebe auslichten und kürzen. Im Herbst die Triebe über der untersten Y-Gabel abschneiden. Beim Umtopfen alle zwei bis drei Jahre kürzen Sie die Wurzelmasse um ein Viertel ein. Frostfrei an einem hellen und kühlen Platz überwintern.

5 Weißes Straußgras
Agrostis stolonifera 'Green Twist'

HÖHE: 10 cm, hängend
Das Weiße Straußgras ist bei uns heimisch und weit verbreitet. Es ist schnittverträglich und **praktisch unverwüstlich**. Die Züchtung 'Green Twist' ist eine Strukturpflanze. Wegen ihres starken Wachstums wird Sie fälschlicherweise auch als Hängebambus vermarktet. Das Straußgras bildet lange, grüne Teppiche, die bei Bodenkontakt sofort einwurzeln. Allzu lange Schleppen sollten Sie daher immer wieder einkürzen. Daneben gehört kontinuierliches Gießen zu den wenigen Pflegemaßnahmen. Straußgras hält selbst extreme Fröste aus. Es kann durch Ausläufer vermehrt werden.

Duft   winterhart   giftig   pflegeleicht

PFLEGE FÜR DIE EDLEN UND SCHÖNEN

Wenn Anfang, Mitte Mai die Frostgefahr gebannt ist, wird es Zeit, **Schmucklilie**, **Engelstrompete** und **Nachtschatten** aus dem Winterquartier zu holen. Die Schmucklilie ist genügsam in der Pflege. Nicht einmal umtopfen, wie bei vielen Pflanzen im Frühjahr üblich, brauchen Sie sie. Tatsächlich blüht sie sogar am üppigsten, wenn es im Kübel etwas eng wird. Erst wenn die Rhizome der Pflanze den Kübel zu sprengen drohen, sollten Sie die Schmucklilie umsetzen. Da die Pflanzen nicht gerade schnell wachsen, kann das bis zu zehn Jahre dauern.
Die **Engelstrompete** braucht alle zwei bis drei Jahre einen größeren Topf. Bereits wenige Zentimeter mehr Durchmesser als der alte Topf genügen. Allerdings sollten Wurzeln und Krone immer in einem ausgewogenen Verhältnis zueinander stehen. Das gelingt mit einem kräftigen Wurzelschnitt: Kürzen Sie beim Umtopfen die Wurzeln um ein Viertel ein.

1 **Verblühtes ausbrechen:** Entfernen Sie regelmäßig die welken Blüten der Engelstrompete.

GESUND DURCH DEN SOMMER

Den Sommer über reichen der **Schmucklilie** viel Licht und mäßiges Gießen zum Gedeihen. Staunässe sollten Sie auf alle Fälle vermeiden, sonst beginnen die Wurzeln zu faulen. Da die Pflanzen über viele Jahre im gleichen Kübel stehen, brauchen sie Nahrung in Form von Flüssigdünger. Bis die Pflanzen blühen, düngen Sie am besten bei jedem zweiten Gießgang (1–2 g Düngepulver pro Liter Wasser). Danach reicht es, einmal pro Woche zu düngen. Entfernen Sie die Blütenstiele, wenn die Pflanzen abgeblüht sind, sonst bilden sich Samen und die Blühfreudigkeit lässt nach.
Engelstrompeten und **Nachtschatten** benötigen viel Wasser. An heißen Tagen brauchen sie bis zu drei Wassergaben, damit sie nicht welken. Trotz des Dauerdüngers im Substrat kann es nicht schaden, zusätzlich flüssig nachzudüngen. Je öfter Sie gießen, desto niedriger sollte der Dünger dosiert werden. Die Dosierungsangaben auf der Packung können Sie je nach Gießaufwand halbieren oder sogar dritteln.
Wie alle Nachtschattenarten ist auch der **Jasminnachtschatten** extrem widerstandsfähig gegenüber Schädlingen und Krankheiten. Dazu ist er von Natur aus sehr wüchsig. Am besten lässt sich sein Wachstum durch einen ständigen Sommerschnitt an den störenden Stellen bremsen (→ Abb. 3). Wurden die langen Triebe reduziert, treiben sie an den Seitenknospen neu aus.
Wenig bis gar keine Aufmerksamkeit benötigt das **Straußgras**. Wer will, kann die Ausläufer von Zeit zu Zeit einkürzen. Die Blühfreudigkeit des **Blauen Gänseblümchens** ist den ganzen Sommer über ungebrochen. Nur zu nass sollten diese pflegeleichten Pflanzen nicht stehen.

2 **Stiele abschneiden:** Zur Samenbildung braucht die Schmucklilie viel Kraft. Schneiden Sie daher die Blütenstiele nach der Blüte ab. Wer aussäen will, lässt einen Stiel stehen.

ENGELSTROMPETEN BREMSEN

Ohne weiteres Zutun entwickeln sich **Engelstrompeten** im Laufe der Jahre zu mächtigen Pflanzen, die nicht mehr auf eine Terrasse passen. Gebieten Sie diesem ungestümen Wachstum Einhalt, indem Sie Wurzeln und Krone zurückschneiden. Die Wurzeln schneiden Sie im Frühjahr. Im Sommer können Sie störende Triebe, die aus dem Topf wachsen, bedenkenlos entfernen. Der eigentliche Rückschnitt erfolgt im Herbst, bevor die Pflanze ins Winterquartier zieht. Im Prinzip nehmen Engelstrompeten auch einen extrem starken Schnitt nicht übel, treiben dann im Frühjahr aber verspätet aus und blühen später. Auf der sicheren Seite sind Sie, wenn Sie über der untersten Y-Gabelung schneiden.

WINTERZEIT IST RUHEZEIT

Wenn die ersten Nachtfröste drohen, holen Sie Schmucklilie, Jasminnachtschatten und Engelstrompete ins Haus. Die wintergrünen **Schmucklilien** und der **Jasminnachtschatten** verlangen nach einem hellen und kühlen Überwinterungsplatz. Optimal ist ein kühler Wintergarten oder ein Treppenhaus. Temperaturen von 8–10 °C reichen während des Winters aus. Wichtig: Gießen Sie die Pflanzen im Winter nur sehr spärlich. Diesen Tipp sollten Sie auch im Winterquartier der **Engelstrompeten** beherzigen. Im Unterschied zu den Schmucklilien können sie aber auch dunkel überwintern. Das gilt zumindest für Exemplare, die Sie im Herbst stark zurückschneiden. Die Regel heißt: Je weniger Laub, desto dunkler können sie überwintern. Jungpflanzen brauchen in jedem Fall einen hellen Standort mit viel Frischluft.

Was tun, wenn ...

... die Schmucklilie blühfaul wird?
Wenn die Schmucklilie nicht die gewohnte Blütenpracht zeigt, kann das daran liegen, dass das Winterquartier zu warm war. Ein Raum mit 4–8 °C ist optimal.

3 **Triebe auslichten:** Ab und zu sollten Sie die unteren Triebe der Engelstrompete mit einer Rosenschere auslichten. Ansonsten geht der schöne schlanke Wuchs verloren. Im Herbst kürzen Sie die Pflanzen dann noch einmal kräftig: Schneiden Sie die Triebe gleich über der untersten Y-Gabel ab.

GEFÄSSE: FARBEN, FORMEN, MATERIALIEN

Die Natur ist ein ästhetisches Vorbild, und Blüten, Blätter und Früchte von Pflanzen sind grundsätzlich schön. Im richtigen Gefäß und vor der richtigen Kulisse verpassen Sie den Pflanzenarrangements das Tüpfelchen auf dem i.

Hohe und schlanke Gefäße strahlen moderne Eleganz und Erhabenheit aus. Runde und niedrige Kübel hingegen wirken eher traditionell. Mit der passenden Bepflanzung lässt sich die Wirkung der Form noch verstärken. Achten Sie bei der Gestaltung auf ein harmonisches Gleichgewicht zwischen Pflanze und Topf. Hier hilft die Drittel-Regel: Ein Drittel Gefäßhöhe zu zwei Dritteln Pflanzenhöhe wirken vor allem bei niedrigen Gefäßen gut. Besonders bei hohen Gefäßen kann sich das Verhältnis auch umkehren: ein Drittel Pflanzenhöhe zu zwei Dritteln Gefäßhöhe. Harmonie ebenso wie Spannung lässt sich über die Farbwahl erzielen. Ruhig und harmonisch wirkt die Gestaltung, wenn die Töpfe in einem

1 **Terrakotta:** Dieses Material verbreitet südländisches Flair auf Balkon und Terrasse. Wörtlich übersetzt bedeutet der Begriff »gebrannte Erde«. In das Gemisch aus Ton und Wasser werden oft andere Mineralien eingearbeitet, die für unterschiedliche Oberflächenstrukturen auf dem Gefäß sorgen. Noch mehr Abwechslung bieten aufgelegte Muster und Dekore. Einen besonderen Reiz haben ältere Gefäße: Kalk und Algenbewuchs überziehen sie mit einer antik anmutenden Patina.

2 **Verzinktes Blech:** Der besondere Reiz von verzinktem Blech ist sein matter metallischer Glanz. Dieses Material kommt mit Pflanzen, deren Blattfarbe ins Gräuliche geht, besonders gut zur Geltung. Auch Sukkulenten machen in Pflanzgefäßen aus Blech eine gute Figur. Solche Gefäße gibt es in allen Größen und Formen, z. B. auch als Balkonkästen. Verzinkte Blechgefäße sollten immer nur als Übertopf dienen, da die Pflanzenwurzeln durch Zink Schaden nehmen können.

ähnlichen Farbton wie die Blütenfarbe gehalten sind. Spannende Kontraste entstehen mit Gegenfarben, z. B. Blau und Orange.
Modern und wandlungsreich sind Gefäße aus Kunststoff. Verträumtes und romantisches Flair erzielen Sie mit unbehandeltem Holz, Korbmaterial, Stein und von Edelrost überzogenem Metall. Balkonkästen aus Eternit, ein Material, das schon früh in den 1950er und 1960er Jahren verwendet wurde, sind robust und lassen sich durch einen Anstrich leicht an die aktuelle Farbgestaltung anpassen. Sehr speziell, wenngleich nur eingeschränkt verwendbar sind Glas und verzinktes Blech (→ Abb. 2) als Topf und Übertopf.

3 **Glasierte Keramik:** Wenn Sie es farbig lieben, dann greifen Sie zu glasierter Keramik. Keramik ist ein eher poröses, raues Material. Die Glasur macht die Oberfläche glatt und wasserundurchlässig. Mit den Glasurfarben lassen sich schöne Effekte erzielen. Blau und Orange bilden in dieser Gestaltung einen wunderschönen Kontrast. Pflanzen Sie vor allem in kostbare, größere Töpfe nicht direkt, dann können Sie Pflanzen, die draußen überwintern sollen, herausnehmen und in einen Kunststofftopf umsetzen. Keramik ist nicht unbedingt frosthart. Wenn Wasser eingedrungen ist, kann Frost die Gefäße sprengen.

4 **Eisenkübel:** Mit Edelrost überzogene Eisenkübel wirken exklusiv. Besonders modern und elegant sind schlanke, hohe Formen. Als Bepflanzung eignet sich praktisch alles, vom Buchs bis zur üppigen Blütenpracht. Achten Sie bei hohen Gefäßen auf Abzugslöcher und eine Dränage aus Blähton. Eisenkübel sind schwer, sie fallen bei Wind nicht so schnell um. Auf Holzfußböden stellen Sie die Gefäße am besten auf Untersetzer oder Füße, um Rostflecken zu vermeiden.

Nichts geht über frische Kräuter

BETÖRENDER DUFT, ZARTE BLÜTEN UND INTENSIVE WÜRZE WETTEIFERN AUF DIESER DACHTERRASSE UM IHRE AUFMERKSAMKEIT. HIER KOMMEN DIE KÜCHENKRÄUTER ERNTEFRISCH AUF DEN TELLER.

6

Kräuteroase für die Sinne

Duft und Würze in greifbarer Nähe

Das braucht man dazu:

PFLANZEN
a) 1 × Borretsch
b) 1 × Currykraut
c) 8 × Duftgeranie, in Sorten
d) 1 × Echter Lavendel
e) 1 × Echter Salbei
f) 4 × Echter Thymian
g) 4 × Erdbeerminze
h) 1 × Jiaogulan
i) 2 × Kleiner Wiesenknopf
j) 2 × Krause Petersilie
k) 1 × Rosmarin
l) 2 × Schnittlauch
m) 4 × Zahnlavendel
n) 2 × Zitronenmelisse
o) 2 × Zitronenverbene

ZUBEHÖR
4 Eternitbalkonkästen (60 cm), 3 rechteckige Pflanzkörbe (2 × 60 cm hoch, 1 × 70 cm), 1 kubischer Pflanzkorb (30 cm), Aussaaterde, durchlässige Balkonpflanzenerde, Langzeitdünger, Blähton, 5 Tontöpfe (6 cm Ø), 5 Tontöpfe (12 cm Ø), Pikierstab, Gießkanne mit feiner Brause, Spankorb oder Kiste (30 cm), durchsichtige Folie, 4 Stäbe

KURZINFO

Anlage	Oktober – April
Standort	sonnig
Platzbedarf	10 m²
Zeitbedarf	2 Std.
Pflegebedarf	30 Min./Woche
Level	✽✽

Es müssen nicht immer bunte Blüten in auffälligen Farben sein. Auf dieser Dachterrasse werden einheimische und südländische Kräuter und Duftpflanzen in Szene gesetzt. Die Duftgeranien verströmen ein betörendes Zitronenaroma. Sie blühen von Juni an bis in den Oktober hinein. Auch die Blätter der Zitronenverbene und der Melisse duften intensiv. Lavendel, Currykraut, Salbei, Rosmarin und Thymian mit ihren derben Blättern und feinen Blüten zaubern mediterranes Flair auf Terrasse und Balkon. Sie dürfen laufend geerntet werden und sorgen in der Küche für kulinarische Höhepunkte.
Daneben wachsen Schnittlauch, Petersilie und Wiesenknopf als heimische Küchen-Allrounder. Blüten und Blätter des Borretschs und die fruchtig-frische Erdbeerminze bereichern sowohl die Pflanzung als auch den Speiseplan. Als Exot unter den Kräutern versorgt Jiaogulan, das Kraut der Unsterblichen, Teefans mit einem neuen Geschmackserlebnis. Hier wächst und gedeiht ein Pflanzenensemble für die Sinne.

Gefäße für jeden Geschmack

Kräuter auf Balkon und Terrasse kommen besonders gut in Körben zur Geltung, z. B. wie hier aus Rattan oder aus Birkenreisig, Peddigrohr, Wasserhyazinthen oder Holz. Es gibt zwei Möglichkeiten, die Körbe zu bepflanzen. Bei der gängigeren Variante setzen Sie die Pflanzen einfach in die Folie, die bereits an den Pflanzkörben befestigt ist. Sie können aber auch die Kräuter in Kunststoff- oder Tontöpfe pflanzen, die Sie dann in die Körbe einsetzen. Falls möglich, sollten Sie auf jeden Fall die zweite Variante bevorzugen. Das schont die Körbe, und die Pflanzen fühlen sich in einem Blumentopf wohler als in der Folie.
Wer keine Körbe verwenden möchte, kann die Kräuter auch in Terrakotta- oder naturbelassene Holzgefäße pflanzen. Beide Materialien eignen sich auch für die Balkonkästen. Unverwüstlich sind Eternitkästen, die in diesem Projekt als Balkonkästen verwendet wurden. Sie lassen sich zudem mit etwas Farbe leicht an den Farbton der Pflanzkörbe anpassen.

Kombinieren nach Lust und Laune

Diese Kombination aus Kräutern und Duftpflanzen bietet für jeden etwas. Teekräuter wechseln sich mit Küchenkräutern und Aromapflanzen ab. Kombinieren Sie bei der Auswahl der Pflanzen nach Lust und Laune. Wichtig sind immer Ihre persönlichen Vorlieben.
Liebhaber der mediterranen Küche werden mehr Rosmarin, Thymian oder Basilikum einsetzen. Wem es mehr auf den Duft ankommt, kann die Gestaltung mit weiteren Duftgeranien aufpeppen. Es gibt sie in verschiedenen Duftnoten und Formen. Achten Sie bei Ihrer persönlichen Zusammenstellung aber immer darauf, dass die Bedingungen auf Ihrem Balkon oder der Terrasse den Ansprüchen der Pflanzen gerecht werden. Ansonsten gibt es bei der Planung eines Kräuterbalkons wenig zu beachten. Die meisten Kräuter sind pflegeleicht. Versorgen Sie sie mit ausreichend Wasser und düngen Sie gelegentlich – der Rest ist Ernten und Genießen.

INFO

Seltenes Zitronenaroma

Die Kaffir-Limette (*Citrus hystrix*) lässt sich gut im Kübel kultivieren. Auf Balkon oder Terrasse wächst das Zitrusgewächs eher langsam. Die frischen Blätter verfeinern viele asiatische Gerichte, besonders in Kombination mit Curry, Chili und Ingwer. Hell und mäßig warm überwintern.

Langlebige Kräuter

Die meisten der hier verwendeten Kräuter sind mehrjährig. Einige sind sogar frosthart und können draußen überwintern. Allerdings nicht in den Pflanzkörben: Leeren Sie die Körbe im Herbst aus, stellen Sie die Kräutertöpfe in eine Kiste und schützen Sie sie mit Stroh oder Decken vor der Sonne. Andere Pflanzen wie Duftgeranien und Zitronenverben verbringen den Winter besser an einem kühlen Ort im Haus. Bevor Sie die Körbe einmotten, reinigen Sie sie am besten mit der Bürste. Und schon dürfen Sie sich auf Ihren nächsten Kräuterbalkon freuen.

SO ENTSTEHT DAS KRÄUTERPARADIES

Für das erste Kräuterjahr besorgen Sie die Pflanzen Ende April. Legen Sie die Körbe mit Pflanzfolie aus. Dann füllen Sie 5 cm Blähton zur Dränage in die Eternitkästen und Körbe. Darauf kommt das mit Langzeitdünger vermischte Substrat bis etwa 4 cm unter den Rand. Topfen Sie die Kräuter aus und legen Sie sie laut Pflanzplan aus. Jetzt schieben Sie mit der Hand ein Stück Substrat beiseite, setzen die Kräuter ein und drücken sie leicht an. Dann bis 2 cm unter den Rand Substrat einfüllen und durchdringend wässern.
Für die folgenden Jahre können Sie Ihre Kräuter überwintern oder durch Stecklinge vermehren. Sie treiben im Frühjahr wieder neu aus (Winterschutz beachten, → Seite 92–93). Nur die Einjährigen, Borretsch und Petersilie, wollen jedes Jahr neu ausgesät werden.
Minzen lassen sich leicht über Ausläufer vermehren. Daher empfiehlt es sich, im Oktober kurze Stücke von den Ausläufern abzuschneiden und in mit Erde gefüllte Blumentöpfe zu legen. Diese können in einer Kiste den Winter über draußen stehen bleiben. Bei Schnittlauch wirkt ein kalter Winter wie ein Dopingmittel. Er treibt im folgenden Frühjahr mit dickeren Stielen aus und vermehrt sich stark. Am besten setzen Sie die Pflanzen im Herbst in größere Blumentöpfe, wässern sie und lassen sie geschützt vor der Wintersonne bis zum Frühling draußen stehen. Noch besser ist es, die Töpfe im Gartenboden zu versenken. Das empfiehlt sich auch bei Thymian und Salbei. Im Gartenboden dringt der Frost nämlich nicht so tief ein wie beim Topf.

Vermehrung durch Stecklinge

Eine Reihe von Pflanzen wie Rosmarin, Salbei und vor allem die Duftgeranien lassen sich durch Stecklinge vermehren. Geranienstecklinge können Sie das ganze Jahr über schneiden – der ideale Zeitpunkt ist August. Dann sind die Temperaturen noch hoch, und die Pflanzen bilden Wurzeln. Ein sauberes und scharfes Messer ist beim Schneiden unerlässlich, sonst dringen Krankheiten durch die Schnittwunden ein.
Als Substrat für die Stecklingsvermehrung eignet sich Aussaaterde. Sie enthält nur wenige Nährstoffe, was die Pflanzen dazu anregt, neue Wurzeln zu bilden.
Nachdem Sie die Stecklinge geschnitten und eingepflanzt haben (→ Abb. 1–5), setzen Sie sie am besten in ein Mini-Treibhaus, das sich aus einer einfachen Kiste, Plastikfolie und einigen Holzstäben im Handumdrehen selber bauen lässt (→ Abb. 7–9). Wenn sich im Herbst Wurzeln gebildet haben, können Sie die Pflänzchen in einen größeren Tontopf umtopfen. Die Stecklinge sollten Sie – wie große Exemplare auch – hell und kühl überwintern. Ab Ende April dürfen sie dann nach draußen.

1 **Triebe schneiden:** Schneiden Sie von einer gesunden Pflanze etwa 7–10 cm lange Triebe mit einem scharfen Messer ab. Unmittelbar unter der Blattachsel ist die richtige Stelle.

2 **Blätter entfernen:** Nun die unteren Blätter entfernen. Das vermindert die Verdunstung, die Pflanze macht nicht so schnell schlapp und wird angeregt, neue Wurzeln zu bilden. Die obersten zwei bis drei Blätter bleiben stehen.

3 **Erde einfüllen:** Jetzt füllen Sie Aussaaterde in Tontöpfe. Es reichen Töpfe mit 8 cm Durchmesser. Das Substrat drücken Sie mit der Hand leicht an und streichen es glatt.

4 **Angießen:** Damit die Pflanzen schnell Wurzeln bilden, muss das Substrat ausreichend feucht sein. Verwenden Sie zum Angießen eine Gießkanne mit möglichst feiner Brause. So wird die Oberfläche nicht verschlämmt.

5 **Steckling einsetzen:** Jetzt bohren Sie mit einem Pikierholz ein kleines Loch. So können Sie den weichen Steckling einsetzen, ohne ihn dabei zu verletzen. Stecken Sie das untere Drittel in die Erde und drücken Sie sie leicht an.

6

6 **Töpfe aufstellen:** Die Töpfchen mit den Stecklingen stellen Sie am besten in einem Spankorb oder einer kleinen Holzkiste auf. So sind sie leicht zu transportieren.

7

7 **Holzstäbchen einsetzen:** Die Kiste wird nun zu einem Minigewächshaus umgebaut. Für die Seitenwände stecken Sie Holzstäbchen, wie z. B. Schaschlikspieße, oder dünne Kunststoffrohre in die Ecken zwischen die Halme. Dann schneiden Sie mit einer Schere die Stäbe auf die passende Länge zu, etwa so lang wie Ihre Stecklinge.

8

8 **Folie zuschneiden:** Jetzt schneiden Sie die Folie so zu, dass Sie sie später über die Stäbe legen und um den Korb schlagen können. Dafür eignet sich z. B. ein durchsichtiger Müllsack, den Sie an den Seiten aufschneiden.

9

9 **Folie spannen:** Legen Sie die Folie über die Stäbe und schlagen Sie sie unter dem Korb ein, sodass sie nicht zu sehr durchhängt. Die Stäbe dienen als Abstandhalter zu den Blättern. Unter der Folie herrscht nun genügend Feuchte, sodass die Pflanze nicht austrocknet.

10 **Steckling herausziehen:** Nach etwa sechs Wochen ziehen Sie einen Steckling aus dem Tontopf und schauen, ob sich Wurzeln gebildet haben. Nicht zu lange warten, sonst werden die Nährstoffe knapp, und der Steckling vergilbt.

11 **Tontöpfe vorbereiten:** Nun füllen Sie für jeden Steckling einen Tontopf mit 12 cm Durchmesser mit Balkonpflanzen- oder Geranienerde. Diese bietet den Pflanzen, die nun stärker wachsen werden, mehr Nährstoffe als Aussaaterde.

12 **Steckling umsetzen:** Die bewurzelten Stecklinge kommen nun etwa so tief in die Erde, wie sie vorher gestanden haben. Tontöpfe sind doppelt praktisch: Sie brauchen keine Dränage aus Blähton und sind schwerer als Kunststofftöpfe. So fallen die Töpfe mit den sich stark verzweigenden Stecklingen nicht so schnell um.

13 **Festdrücken:** Die Erde um die Stecklinge festdrücken und die Töpfe an einen hellen, warmen Platz stellen. Nach etwa vier Wochen sollten sich Blüten gebildet haben, und Sie können die Pflanzen in Kästen oder Schalen versetzen.

WÜRZIGE UND DUFTIGE KRÄUTERVIELFALT

1 Borretsch

Borrago officinalis

BLÜTEZEIT: Juni – August, HÖHE: 30 cm
Die tiefblauen Blüten des Borretschs laden viele Bienen zum Verweilen ein. Die gesamte Pflanze überzieht ein borstig-rauer Pelz aus Haaren. Die Pflanze ist **einjährig** und muss jedes Jahr neu gesät werden. Die Blätter verleihen Salaten einen erfrischend parfümierten Geschmack. Die Blüten sind ebenfalls essbar und eigenen sich hervorragend zur Dekoration. Blätter und Blüten eignen sich nicht zum Trocknen. Die Pflanze ist anspruchslos.

1

2

2 Currykraut

Helichrysum italicum

BLÜTEZEIT: Juli – September, HÖHE: 50 cm
Die **nach Curry duftenden** filigranen Blätter eignen sich zum Würzen, haben jedoch einen eigentümlichen Geschmack. Nach der Blüte zurückschneiden, dann treibt die Pflanze neu aus. Vermehrung gelingt über Stecklinge. Hell und frostfrei kommt die Pflanze über den Winter.

3 Duftgeranie

Pelargonium

BLÜTEZEIT: Juni – Oktober, HÖHE: 30 cm
Die Blätter aller Duftgeranien verströmen einen **intensiven Duft**. Es gibt Arten mit fruchtigen, würzigen oder blumigen Duftnoten. Auch harzige oder moschusartige Düfte sind dabei. Blätter und Blüten sind essbar. Regelmäßig Verblühtes entfernen, dann bilden sich neue Blüten. Braune Blätter abzupfen, sie können auf Pilzbefall hindeuten. Duftgeranien lieben warmes, trockenes Wetter und vertragen keinen Frost. Den Winter über hell und kühl stellen, fast trocken halten.

3

Sonne   Halbschatten   Schatten   hoher Wasserbedarf

4 Echter Lavendel

Lavandula angustifolia

BLÜTEZEIT: Juli – August, HÖHE: 70 cm
Der Strauch **übersteht milde Winter**, in kalten Gegenden braucht er einen Winterschutz. Nach der Blüte kräftig zurückschneiden, dann treibt er im nächsten Jahr neu aus.

5 Echter Salbei

Salvia officinalis

BLÜTEZEIT: Juni – September, HÖHE: 60 cm
Der echte Salbei ist ein klassisches Gewürz der **Mittelmeerküche**, sein Tee hilft bei Mund- und Rachenentzündungen. Die Blätter überstehen Frost, aber in sehr kalten, langen Wintern holen Sie die Pflanze besser ins Haus.

6 Echter Thymian

Thymus vulgaris

BLÜTEZEIT: Mai – September, HÖHE: 40 cm
Thymian blüht ausdauernd mit hübschen kleinen **rosa Blüten**. Seine Blättchen würzen frisch oder getrocknet mediterrane Gerichte. Thymian liebt Sonne und Wärme, aber selbst strenger Frost macht ihm nichts aus. Die Triebspitzen dürfen Sie den Sommer über regelmäßig ernten, dann verzweigt er sich besser.

7 Erdbeerminze

Mentha species

BLÜTEZEIT: Juli – August, HÖHE: 30 cm
Beim Reiben der Blätter entfaltet sich zuerst das an Erdbeeren erinnernde Aroma, ein **dezenter Minzegeruch** folgt. Die frischen Blätter geben Desserts und Obstsalaten eine süße Würze. Ein- bis zweimal pro Saison die Pflanze vollständig zurückschneiden, ansonsten genügt regelmäßiges Ernten, um die Pflanze in Form zu halten und den Neuaustrieb zu fördern. Alle zwei bis drei Jahre umtopfen.

Duft winterhart giftig pflegeleicht

8 Jiaogulan
Gynostemma pentaphyllum

BLÜTEZEIT: Juli – August, Kletterpflanze
Die aus China stammende **Teepflanze** mag es nicht, wenn das Substrat austrocknet. Geerntet werden die Triebspitzen.

9 Kleiner Wiesenknopf
Sanguisorba minor

BLÜTEZEIT: Juni – Juli, **HÖHE:** 50 cm
Auch als **Pimpinelle** bekannt. Die säuerlichen Blätter schmecken in Salaten und in der Frankfurter Grünen Sauce. Entfernen Sie die Blüten, sonst bilden sich weniger Blätter.

10 Krause Petersilie
Petroselinum crispum var. *crispum*

BLÜTEZEIT: Juni – Juli, **HÖHE:** 30 cm
Petersilie säen Sie am besten **jedes Jahr neu** aus, so schmeckt sie am besten. Sie braucht viel Wasser, regelmäßig gießen!

11 Rosmarin
Rosmarinus officinalis 'Prostratus'

BLÜTEZEIT: Mai – Juni, **HÖHE:** 20 cm
Rosmarin **liebt sonnige Lagen**, bei Regenwetter wächst er stark, und seine Triebe werden weich. Rosmarin verträgt zwar einige Minusgrade, überwintert aber besser im Haus an einem hellen und kühlen Platz. Zum Würzen eignen sich am besten die weichen Triebspitzen. Auch als kreislaufanregendes Heilkraut findet Rosmarin Verwendung.

Sonne Halbschatten Schatten hoher Wasserbedarf

12 Schnittlauch

Allium schoenoprasum

BLÜTEZEIT: Mai, **HÖHE:** 20 cm

Das **Universalgewürz** braucht viel Wasser, wenig Wärme und häufigen Schnitt, sonst bilden sich Blüten und die Pflanze wird gelb. Gekaufte Schnittlauchpflanzen bilden im ersten Jahr nur dünne Röhrchen und werden erst nach einem Winter richtig kräftig.

13 Zahnlavendel

Lavandula dentata var. *dentata*

BLÜTEZEIT: Juni – Sept., **HÖHE:** 80 cm

Diese Duftpflanze ist **nicht winterhart**. Schneiden Sie die abgeblühten Blütenstände immer wieder heraus, damit sich den ganzen Sommer über neue Blüten bilden.

14 Zitronenmelisse

Melissa officinalis

BLÜTEZEIT: Juni – Juli, **HÖHE:** 60 cm

Ein- bis zweimal je Saison die Zitronenmelisse vollständig ernten. Blätter frisch oder getrocknet für **Salate, Saucen oder Tee** verwenden.

15 Zitronenverbene

Aloysia citriodora

BLÜTEZEIT: Juli – September, **HÖHE:** 60 cm

Die intensiv nach Zitrone **duftenden Blätter** ergeben einen Tee. Ein Schnitt auf halber Höhe fördert die Verzweigung.

Duft winterhart giftig pflegeleicht

VIEL ERNTEN, WENIG PFLEGEN

1 **Salbei ernten:** Ernten Sie fortlaufend die jungen Triebspitzen, dann verzweigt sich die Pflanze schöner. Dasselbe gilt für Rosmarin und Thymian. Gleich verwenden oder für später trocknen.

2 **Schnittlauchblüten entfernen:** Ab Mai bildet der Schnittlauch seine Blüten aus. Sie sehen zwar hübsch aus, sollten aber regelmäßig abgeknipst werden, damit die Pflanze mehr grüne Röhrchen bildet. Ein paar können Sie stehen lassen und in Salaten als Dekoration verwenden.

3 **Minze ernten:** Ernten Sie die Blätter der Erdbeerminze vor der Blüte, dann schmecken Sie am besten. Schneiden Sie die Stängel etwa 2 cm über dem Boden ab. Die Blätter können Sie frisch verwenden oder für später trocknen.

Diese Kräutergemeinschaft ist äußerst pflegeleicht. Viele der verwendeten Pflanzen kommen aus dem Mittelmeerraum oder anderen warmen Ländern. Sie lieben die Wärme und nehmen es Ihnen auch nicht krumm, wenn sie ein- oder zweimal nicht gegossen werden.
Weil die Pflanzen oft beerntet werden, brauchen sie auch eine Menge Nährstoffe. Daher sollten Sie ab Juli einmal pro Woche flüssig, z. B. mit Grünpflanzendünger, nachdüngen.
Wer viel mit Kräutern kocht, hält durch die tägliche Ernte den Wuchs von **Rosmarin**, **Thymian** und **Salbei** bereits gut im Zaum. Ernten Sie immer von der Triebspitze her. So bilden sich mehr Verzweigungen (→ Abb. 1). Die Teekräuter **Zitronenmelisse** und **Erdbeerminze** sollten Sie hingegen ein- bis zweimal vollständig abernten, damit sie mit ihrem Blattwerk nicht andere Pflanzen

überragen. Sobald sich Blüten bilden, schneiden Sie die Pflanzen eine Handbreit über dem Boden ab. Um weiterhin auch frische Blätter ernten zu können, lassen Sie ein paar Stängel stehen, den Rest können Sie bündeln und kopfüber in der Wohnung trocknen. Ernten Sie bei der Zitronenmelisse auch die großen jungen Blätter, die weit vor der Blüte gebildet werden.

Schnittlauch wächst nach einem starken Rückschnitt wieder kräftig nach (→ Abb. 4). Die **Zitronenverbene** wächst nicht so üppig. Ein Schnitt in mittlerer Stängelhöhe regt die Verzweigung an. Die Blätter können frisch oder getrocknet als Tee verwendet werden. Wer viel mit **Borretsch** würzt, sollte das Kraut immer wieder nachsäen.

Etwas mehr Pflege brauchen die **Duftgeranien**. Die verwelkten Blütenstände sollten Sie alle zwei, drei Tage ausbrechen. So bilden sich anstelle der Früchte neue Blüten.

Beim kleinen **Wiesenknopf** fallen ab Anfang Juni die Blütenstände auf. Diese rot behaarten Kugeln sind zwar ein attraktiver Blickfang, sollten aber entfernt werden, sonst bildet die Pflanze weniger schmückendes Laub.

GUT GERÜSTET

Bei längerem Regenwetter reagieren alle **Geranien** mit Pilzerkrankungen an den Blättern. Befallene Blätter werden braun. Entfernen sie diese Blätter so schnell wie möglich, damit sich der Pilz nicht weiter ausbreitet.

Die Pflanzen auf dem Kräuterbalkon überstehen mit Ausnahme von **Geranie** und **Zitronenverbene** alle leichte Fröste. Die Mittelmeerkräuter wie Rosmarin, Salbei, Currykraut, Lavendel und Zahnlavendel packen Sie den Winter über in eine Kiste, die Sie oben locker mit Stroh abdecken und nah ans Haus stellen. Bei frostfreiem Wetter von Zeit zu Zeit gießen, bei Dauerfrost holen Sie die Kiste ins Haus.

Wollen Sie die Duftgeranien und Zitronenverbenen überwintern, sollten Sie sie ab Oktober aus der Bepflanzung nehmen und in Töpfe umtopfen und an einen hellen und kühlen Ort stellen.

4

4 **Schnittlauch ernten:** Ein regelmäßiger tiefer Schnitt regt den Neuaustrieb an und verhindert, dass sich Blüten bilden. Verwenden Sie dazu eine Kräuterschere oder ein scharfes Messer.

5

5 **Lavendel schneiden:** Entfernen Sie die abgeblühten Stängel des Lavendels. So wird die Pflanze zu neuem Flor anreget. Getrocknete Blüten ergeben wunderbare Duftsäckchen.

SÜSSER DUFT FÜR LAUE ABENDE

Das braucht man dazu:

PFLANZEN

a) 1 × Bergtabak
b) 1 × Duftende Nachtkerze *Oenothera odorata*
c) 2 × Duftgeranie, in Sorten *Pelargonium*
d) 1 × Flügeltabak *Nicotiana alata* 'Tuxedo White'
e) 1 × Nachtjasmin *Cestrum nocturnum*
f) 1 × Weißer Stechapfel *Datura stramonium*

ZUBEHÖR

5 Terrakottatöpfe je nach Pflanzengröße, 1 Eternitbalkonkasten (60 cm), Kübelpflanzensubstrat, Balkonpflanzensubstrat, Langzeitdünger, Blähton, Tonscherben

Was gibt es schöneres, als nach einem heißen Sommertag im August die milden Abendstunden auf dem Balkon zu genießen? Das ist auch die Zeit der Nachtdufter, jener Pflanzen, die ab dem späten Nachmittag bis in die Nacht hinein ihr Parfum verströmen.

Die weißen Blüten von Flügel- und Bergtabak duften mit den kleineren Blütenröhren des Nachtjasmins um die Wette. Auch der Stechapfel blüht weiß, während die Blüten der Nachtkerze gelb leuchten. Berühren Sie die Blätter der Duftgeranien und schnuppern Sie das frei werdende Zitronen-, Minz- oder Fruchtaroma.

Die Nachtdufter sind am besten in Südwestlagen aufgehoben. Hier hält sich die Wärme der Mauern am längsten. Die Pflege beschränkt sich auf's Gießen und Ausbrechen der Blüten.

KURZINFO

Anlage	Mai
Standort	halbschattig
Platzbedarf	8 m^2
Zeitbedarf	1,5 Std.
Pflegebedarf	20 Min./Woche
Level	✻

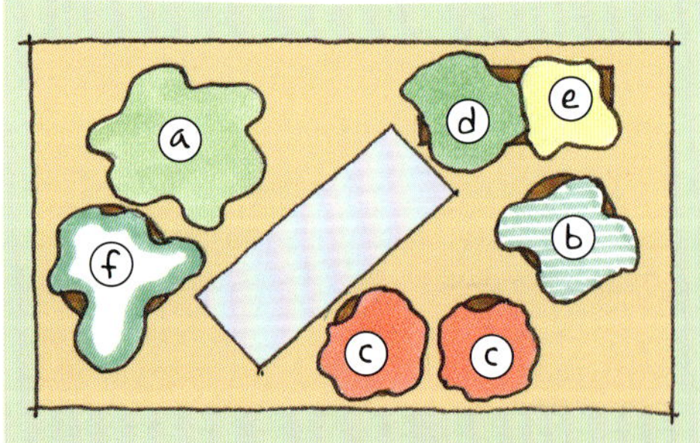

1 Bergtabak
Nicotiana sylvestris

BLÜTEZEIT: Juni – September, HÖHE: bis 1,2 m
Der imposante Bergtabak hat seine Blüten immer geöffnet, duftet allerdings in der Dämmerung am stärksten. Dann lockt er vor allem **Nachtschwärmer** an. Großzügig gießen.

2 Duftende Nachtkerze
Oenothera odorata

BLÜTEZEIT: Juli – September, HÖHE: bis 60 cm
Diese aus Nordamerika stammende Staude liebt warme Lagen und bildet Ausläufer. Ihre kurzlebigen Blüten verströmen abends und nachts einen **schweren Parfumduft**. Gelegentlich zurückschneiden, dann treibt sie neu aus.

3 Flügeltabak
Nicotiana alata 'Tuxedo White'

BLÜTEZEIT: Juli – September, HÖHE: bis 90 cm
Der Flügel- oder Bauerntabak verbreitet am späten Nachmittag einen **schweren süßen Duft** auf dem Balkon. Man kann ihn ab März direkt aussäen, besser ist allerdings eine Anzucht in Saatschalen bei Raumtemperatur. Benötigt wie alle Tabakarten viel Wasser.

4 Nachtjasmin
Cestrum nocturnum

BLÜTEZEIT: Juni – September, HÖHE: 1,5–3 m
Die **Kletterpflanze** stammt aus Mittelamerika und fühlt sich im Schatten anderer Pflanzen am wohlsten. Jedes Jahr neu kaufen oder hell und warm überwintern.

Sonne Halbschatten hoher Wasserbedarf Duft giftig

Luise und Kathrin in Sommerlaune

AUF DIESEM BALKON LEUCHTET ALLES IN WARMEN FARBEN. EIN ORANGE BLÜHENDER SICHTSCHUTZ SORGT FÜR UNGETRÜBTE SOMMERLAUNE AUF DEM BALKON.

7

Blumen in warmen Farben

Mehr Privatsphäre mit Kletterpflanzen

Das braucht man dazu:

PFLANZEN

a) 2 × Buntnessel
Plectranthus scutellarioides 'Fireball'

b) 4 × Edelpelargonie
Pelargonium grandiflorum 'Candy Flowers Dark Red'

c) 5 × Eisenkraut
Verbena-Hybride 'Peaches and Cream'

d) 2 × Großbl. Mädchenauge
Coreopsis grandiflora

e) 2 × Husarenknopf
Sanvitalia procumbens 'Aztekengold'

f) 6 × Pfennigkraut
Lysimachia nummularia 'Aurea'

g) 2 × Schwarzäugige Susanne
Thunbergia alata

h) 3 × Wandelröschen
Lantana camara 'Professor Roux'

i) 2 × Zweizahn
Bidens ferulifolia

ZUBEHÖR

2 Terrakotta-Balkonkästen (80 cm), 1 Terrakotta- oder Kunststoffkasten (90 cm, 80 l), 2 Kübel (50 cm Ø), 1 Kübel (40 cm Ø), 5 Buchenholzstäbe (min. 2 m Länge, 1,5 cm Ø), Handsäge, Dekorationsband und Wickeldraht mit Papier, rote Farbe, Pinsel, Blähton, Kübelpflanzen- und Universalblumenerde

KURZINFO

Anlage	Mai
Standort	sonnig, halbschattig
Platzbedarf	12 m²
Zeitbedarf	30 Std.
Pflegebedarf	30 Min./Woche
Level	✽✽✽

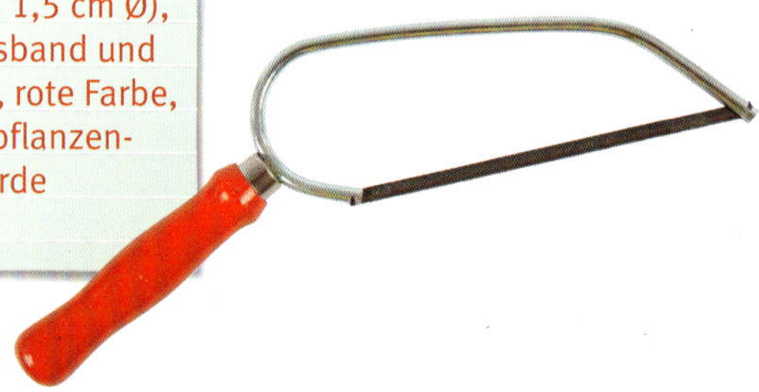

Der Sommer strahlt in warmen Farben. Orange, Rot und Gelb, das sind die Farben des Feuers und der Wärme. Auch im Balkonpflanzensortiment dominieren die Rottöne. Das verleitet geradewegs dazu, einen Balkon oder eine Terrasse in dieser Farbrichtung zu gestalten. Abwechslung schaffen Sie, indem Sie unterschiedliche Blatt- und Wuchsformen kombinieren.

Für ungestörte Sonnenstunden auf der Terrasse oder dem Balkon sorgt ein Klettergerüst, das im Handumdrehen fertiggestellt ist. In wenigen Wochen wird es sich in einen dichten, blühenden Sichtschutz verwandeln. So genießen Sie Ruhe und Privatsphäre, ohne auf Materialien wie Holz oder Metall zurückgreifen zu müssen.

Abwechslung durch Formenvielfalt

Harmonie in der Farbgestaltung bedeutet alles andere als Langeweile, denn Sie haben jede Menge Spielraum bei der Auswahl der Blüten- und Wuchsformen. Durch ihren ungezähmten Wuchs bringt die Schwarzäugige Susanne Schwung auf

den Balkon. An einem Klettergerüst emporgeleitet eignet sie sich ideal als Sichtschutz. Wenn Sie ihre Triebe regelmäßig hochbinden und Verblühtes entfernen, wird Sie es Ihnen mit einem dichten Blattkleid und üppiger Blütenfülle danken. Weniger üppig, sondern eher apart wirkt dagegen die Buntnessel. Mit ihren großen und samtig-weichen Blättern setzt sie als Blumenschmuck Akzente in den beiden von Hängepflanzen dominierten Balkonkästen. Buntnesseln gibt es viele verschiedene. Sollten Sie die angegebene Sorte nicht bekommen, ersetzen Sie sie einfach durch eine andere dunkellaubige. Das Gleiche gilt für die Edelpelargonie. Hier gibt es ebenfalls andere Sorten mit dunkelroten Blüten.
Husarenknopf und Zweizahn sorgen durch ihren hängenden Wuchs für Abwechslung in der Bepflanzung. Unbeschwert und heiter kommen die Wandelröschen mit ihren unzähligen über die ganze Pflanze verteilten Blütenständen daher. Sie verdienen ihren Namen übrigens zu Recht, ihre Blütenfarbe wechselt nämlich beim Aufblühen. Manche sind fast blutrot, andere neigen eher zu Dottergelb. Auch in der Form sind sie sehr variabel. Es gibt Büsche, aber auch Stämmchen in den unterschiedlichsten Höhen. Ursprünglich und wild wirkt die Unterpflanzung aus orangefarbenem Mädchenauge, gelbgrünem Pfennigkraut und pfirsichfarbenem Eisenkraut.

Farbgestaltung Ton in Ton

Die besonders harmonische Wirkung dieses Balkons liegt an der Auswahl der Blütenfarben. Hier gibt es keine starken Kontraste wie zwischen Rot und Blau. Die Farben gehen fließend ineinander über. Was harmonisch wirkt und was nicht, ist übrigens keine Geschmacksfrage, die von Mensch zu Mensch anders beurteilt wird. Man hat herausgefunden, dass das menschliche Auge unharmonische und harmonische Farbzusammenstellungen ziemlich einheitlich beurteilt. Probieren Sie es beim nächsten Pflanzeneinkauf aus und stellen Sie einmal ein paar Pflanzen mit ähnlichen und einmal mit ganz unterschiedlichen Blütenfarben zusammen. Sie werden feststellen, auch Ihr Auge folgt der Harmonielehre wie von selbst. Für alle, die es dennoch ganz exakt machen wollen, ein Tipp: In Büchern zur Farbenlehre und auch im Internet gibt es fertig zusammengestellte Farbkombinationen, die auf jeden Fall harmonisch wirken. Mit diesem Farbschema in der Hand können Sie dann auf Einkaufstour gehen. Soll es Ton-in-Ton zugehen, müssen natürlich auch die Gefäße passen. Hier dominiert Orange, und zu diesem warmen Farbspektrum bietet sich das Rotbraun von Terrakotta an. Rot glasiertes Steingut ist eine denkbare Alternative. Haben Sie viel Platz auf Ihrem Balkon, wirken Accessoires aus Eisen oder roter Keramik als Blickfang.

INFO

Sichtschutz aus Hopfen

Statt der Schwarzäugigen Susanne können Sie auch Hopfen (*Humulus lupulus*) am Klettergerüst empor wachsen lassen. Er ist sehr pflegeleicht und winterfest, braucht aber viel Wasser. Sie bekommen ihn in jeder Staudengärtnerei.

So legen Sie Ihr Topfbeet an:

EINEN LEBENDEN SICHTSCHUTZ ANLEGEN

Besorgen Sie die Pflanzen am besten Anfang Mai, dann bekommen Sie die schönsten Exemplare. Sind zu dieser Zeit noch länger kühle Temperaturen zu erwarten, schützen Sie Ihren kostbaren Einkauf vorerst mit einem Vlies, das sie locker über die Pflanzen legen, und stellen Sie die Pflanzen nah am Haus oder in der Garage unter. Die Materialien für den Sichtschutz bekommen Sie im Baumarkt.

Vor dem Pflanzen steht die Wahl der richtigen Topfgröße. Die Wandelröschen-Stämmchen werden überwintert und stehen in der Regel zwei Jahre im selben Gefäß. Folglich wählen Sie einen Topf mindestens ein Drittel größer als die ursprüngliche Ballengröße. So haben die Wurzeln auch im zweiten Jahr ausreichend Platz.

Die Größe des Kastens für die Schwarzäugige Susanne richtet sich nach der gewünschten Sichtschutzgröße. In diesem Pflanzbeispiel stehen zwei Exemplare in einem 90 cm breiten Pflanzkasten mit etwa 80 Liter Fassungsvermögen. Für einen breiteren Sichtschutz pflanzen Sie drei Exemplare in einen 120-cm-Pflanzkasten. In jedem Fall sollten die Pflanzen im Kasten mehr als doppelt so viel Platz haben als in dem Gefäß, in dem Sie sie gekauft haben. Während des enormen Zuwachses im Sommer bildet die Schwarzäugige Susanne sehr viele Wurzeln, die nur in einem ausreichend großen Gefäß ausreichend mit Nährstoffen versorgt werden. Alle übrigen Pflanzen finden in zwei 80-cm-Kästen Platz.

Pflanzung vorbereiten

Nehmen Sie die Wandelröschen aus dem Gefäß, in dem Sie sie gekauft haben. Dazu drücken Sie die Wände des Topfes und schneiden eventuell verfilzte Wurzeln am Boden ab. Lockern Sie die Wurzeln mit einem kleinen Rechen auf und klopfen Sie überschüssiges Substrat ab. Dies gilt besonders für die obersten Zentimeter, denn hier stecken oft viele Unkrautsamen, die Sie nicht unbedingt mitverpflanzen wollen. Jetzt wässern Sie die Wandelröschen. Am einfachsten geschieht dies, indem Sie die Pflanzen für ein paar Minuten in einen Eimer mit lauwarmem Wasser setzen. Bei den kleineren Balkonpflanzen ist dieser Schritt nicht notwendig.

In alle Gefäße kommt zuunterst eine Schicht aus Blähton. Für die großen Kübel und das Gefäß für das Klettergerüst sollten es jeweils 10 cm sein. Bei den Balkonkästen genügen 5 cm Dränage.

Beim Substrat sollten Sie zwischen Kübel- und Balkonkasten unterscheiden. Die drei Wandelröschen sind am besten in einer Kübelpflanzenerde versorgt, vermischt mit Langzeitdünger für mindestens sechs Monate. Für die Balkonkästen und das Gefäß für das Klettergerüst verwenden Sie

eine hochwertige Universalblumenerde. In Gegenden mit hartem Gießwasser empfiehlt sich ein Substrat für Surfinia, um Eisenmangel vorzubeugen. In die Blumenerde kommt ebenfalls ein Langzeitdünger für sechs Monate.
Alle Pflanzen werden so hoch eingepflanzt, dass zwischen Oberseite des Wurzelballens und Topfrand noch etwa 2 cm frei bleiben.

Das Klettergerüst bauen

Das Klettergerüst für den Sichtschutz wird aus Buchenrundhölzern gebaut. Sie benötigen drei lange Streben. Je nach Höhe Ihres Balkons lassen Sie sich diese im Laden zuschneiden. Die Querstreben sägen Sie am besten selber zu.
Die Holzstäbe lassen sich im Gegensatz zu Bambus leicht mit wasserlöslicher Acrylfarbe bemalen. Achtung: Flecken, z. B. auf dem Balkonboden, sind schwer zu entfernen. Legen Sie beim Streichen einen festen Karton oder eine andere Unterlage unter. Tragen Sie die Farbe mit einem Malerpinsel auf und lassen Sie sie über Nacht, besser noch über mehrere Tage trocknen.
Die rote Farbe greift die Töne der Blüten wieder auf. Wer es lieber natürlich mag, kann auch auf Bambus oder Weidenruten zurückgreifen. Achten Sie darauf, dass die Weidenruten vollständig trocken sind. Frische Ruten wurzeln ein.
Sie können sich eine einfache Kletterwand bauen, indem Sie drei Stangen senkrecht im Kasten verankern und mit mehreren Querstreben verbinden. Für die Stabilität des Gerüstes reicht es, wenn Sie alle 30 cm eine Querstange setzen (→ Abb. 4). Alternativ dazu können Sie auch ein kleines Tipi bauen (→ Abb. 7–8, vgl. Seite 108–109). Als letzten Schritt setzen Sie die Schwarzäugige Susanne in das Gefäß und leiten die Triebe nach oben (→ Abb. 5).
Das Klettergerüst eignet sich aufgrund seiner Leichtbauweise nur für einjährige oder weniger aggressive Schling- und Rankpflanzen. Im Herbst, wenn das Laub abstirbt, können Sie die Triebe nach dem Rückschnitt wieder leicht entfernen, weil sie nicht am Gerüst haften.

Mit einer groben Skizze lässt sich das Klettergerüst leichter planen.

1 **Holzstäbe färben:** Verpassen Sie dem Rankgerüst eine Farbe. Zum leuchtenden Orange der Schwarzäugigen Susanne passt ein dunkles Rot. Stäbe mindestens einen Tag trocknen lassen.

2 **Längen abmessen:** Die Länge der senkrecht stehenden Stangen richtet sich nach der Höhe des Balkons. Platzieren Sie zwei lange Stangen jeweils in eine Ecke des Kastens, eine Stange kommt mittig dazwischen. Nun können Sie die Länge der Querstreben abmessen.

3 **Zurechtsägen:** Die Querstreben erhalten eine glatte Kante, wenn Sie die Stangen mit der Laubsäge auf einer Seite ansägen, dann umdrehen und von der anderen Seite fertig sägen. Eine Strebe alle 30 cm genügt.

4 **Zusammenbauen:** Wickeldraht mit Papier wird für die Verbindung verwendet. Ziehen Sie die Schlaufen fest zu. Zwei Knoten, einer vorne und einer hinten, schaffen eine sichere Verbindung.

5 **Ranken aufleiten:** Das Gerüst wächst schnell zu, wenn Sie den Ranken den Weg nach oben zeigen. Es genügt, ein bis zwei Ranken locker um eine Stange zu wickeln. Schon nach wenigen Tagen windet sich die Pflanze selbst hoch.

6 **Variante Tipi:** Auf schmalen Balkonen reicht ein Tipi als Sichtschutz aus. In der auf den Seiten 108–109 beschriebenen Variante klettern Passionsblumen am Gerüst empor. Pflanzen Sie zwei Exemplare mittig in einen runden Kübel.

7 **Rundhölzer abmessen:** Messen Sie die Länge der Stäbe ab. Die Länge richtet sich nach ihrem Geschmack und der Wuchshöhe der Pflanzen. Für die Passionsblume können Sie gut von einer Höhe von 2 m ausgehen.

8 **Tipi zusammenbinden:** Jetzt brauchen Sie die Stäbe nur noch ins Substrat zu stecken und oben zusammenzubinden. Verwenden Sie auch hierzu Wickeldraht. Es ist wichtig, dass die Verbindung ganz fest sitzt, damit sich die Stäbe später nicht gegeneinander verschieben können.

9 **Pflanze aufleiten:** Für ein Tipi eignen sich nur einjährige oder weniger aggressiv rankende Pflanzen, denn es ist weniger stabil. Wickeln Sie die Triebe der Pflanze locker um die Stäbe. Damit die Pflanzen möglichst gleichmäßig hochwachsen, drehen Sie das Gefäß von Zeit zu Zeit.

FARBTÖNE IM DREIKLANG

1 Buntnessel
Plectranthus scutellarioides 'Fireball'

BLÜTEZEIT: Juli, **HÖHE:** 30 cm
Typisch sind die großen **roten Blätter** mit grünem Rand. Entfernen Sie Verblühtes, dann wächst die Pflanze schöner.

2 Edelpelargonien
Pelargonium grandiflorum 'Candy Flowers Dark Red'

BLÜTEZEIT: Mai – September, **HÖHE:** 30 cm
Die Edelpelargonie ist ein üppiger Sommerblüher. Die Blüten sind **empfindlich gegen Nässe**. Braune Blätter entfernen, sie deuten auf Pilzbefall hin.

3 Eisenkraut
Verbena-Hybride 'Peaches and Cream'

BLÜTEZEIT: Mai – September, **HÖHE:** 10 cm
Verbenen **lieben die Sonne** und gleichmäßige Feuchte. Bei Staunässe werden die Blätter gelb und der Blütenflor lässt nach.

4 Großblumiges Mädchenauge
Coreopsis grandiflora

BLÜTEZEIT: Mai – September, **HÖHE:** 50 cm
Das Mädchenauge ist ein ausdauernder Sommerblüher, der mit kühlerem Wetter zurechtkommt. Die Stiele eignen sich als Schnittblume und halten **in der Vase** bis zu zwei Wochen. Man kann die Pflanze im Garten auspflanzen und überwintern. Dazu vor dem ersten Frost Verblühtes vollständig entfernen. Es gibt gefüllte und einfach blühende Sorten.

Sonne Halbschatten Schatten hoher Wasserbedarf Duft

5 Husarenknopf

Sanvitalia procumbens 'Aztekengold'

BLÜTEZEIT: Mai – September, HÖHE: 20 cm
Unermüdlich produziert er seine gelben Blüten. Er mag weder Staunässe noch Trockenheit, daher für gleichmäßige Befeuchtung sorgen. Verblühtes ausknipsen. Pflegeleicht.

6 Pfennigkraut

Lysimachia nummularia 'Aurea'

BLÜTEZEIT: Juni – Juli, HÖHE: kriechend
Die Blätter dieser Sorte erscheinen umso heller, je sonniger die Pflanze steht. Aufgrund der **kriechenden Wuchsform** eignet sie sich gut als Unterpflanzung. Die Pflanze ist pflegeleicht, will aber gut gegossen werden.

7 Schwarzäugige Susanne

Thunbergia alata

BLÜTEZEIT: Juni – September, HÖHE: 1,5–2 m
Sie **wächst fleißig**, daher gut düngen. Verblühtes entfernen und die Triebe aufleiten. Anfällig für Echten Mehltau.

8 Wandelröschen

Lantana camara 'Professor Roux'

BLÜTEZEIT: Juni – Oktober, HÖHE: 1,5 m
Wird Verblühtes regelmäßig ausgezupft, bilden Wandelröschen **reichlich Blüten**. Größere Pflanzen brauchen bis zu 5 l Wasser am Tag. Hell überwintern, nicht kühler als 5 °C.

9 Zweizahn

Bidens ferulifolia

BLÜTEZEIT: Mai – September, HÖHE: 20 cm
Der Zweizahn liebt die Sonne und belohnt mit einem **überreichen Blütenflor**. Bei Nässe welken sie schnell. Regelmäßig auszupfen.

winterhart giftig pflegeleicht

MINIMALER AUFWAND FÜR ÜPPIGE BLÜTEN

1 **Spitzen schneiden:** Auch die Buntnessel als klassische Blattschmuckpflanze blüht. Entfernen Sie die Blüten regelmäßig, dann wächst sie nicht so struppig und bildet mehr Blätter.

Die Gefäße aus wasser- und luftdurchlässigem Terrakotta und die besondere Pflanzenauswahl in dieser Gestaltung sorgen für einen minimalen Pflegeaufwand. In der Sonne und im Halbschatten gedeihen die verwendeten Pflanzen schon deshalb prächtig, weil viele davon ähnliche Ansprüche haben.
Ob **Wandelröschen**, **Zweizahn** oder die **Schwarzäugige Susanne** – sie alle lieben die Wärme, benötigen zum Gedeihen aber auch eine gleichmäßige Wasserversorgung. Wer öfter einmal nicht zu Hause ist, sollte sich überlegen, eine Bewässerungsanlage zu installieren (→ Seite 40–43).

GROSSER WASSERBEDARF

Größere Kübelpflanzen wie das **Wandelröschen** haben einen enormen Wasserbedarf. An heißen Tagen verdunsten nicht selten bis zu 5 l Wasser. Verwenden Sie zum Gießen am besten Regenwasser oder abgestandenes Leitungswasser. Sonst häufen sich vor allem in Gegenden mit hartem Gießwasser große Mengen Kalk im Substrat an. Der Kalk hebt den pH-Wert und verschlechtert die Nährstoffaufnahme.
Da die Pflanzkübel ausreichend dräniert sind, können Sie das Wasser in den Übertopf gießen. Die Wurzeln stehen durch die Blähtonschicht nicht im Wasser, und die Pflanze nimmt sich immer genau so viel, wie sie benötigt.

BLÜTEN AUSPUTZEN

Die Blüten von **Edelpelargonien** und **Zweizahn** sind besonders nässeempfindlich. Entfernen Sie Verblühtes daher regelmäßig. Bei längeren Regenperioden reagieren Edelpelargonien mit Fäulnis an den Blättern, verursacht durch den Pilz *Botrytis*. Wenn Sie nicht die Möglichkeit haben, einen Regenschutz anzubringen, hilft es, braune und befallene Blätter laufend zu entfernen. So kommt mehr Luft an die Pflanze und der Pilz zieht sich zurück.
Die **Buntnessel**, obwohl eine klassische Blattschmuckpflanze, bildet ab Juli ebenfalls Blüten. Sie erscheinen an langen Stielen und überragen die Blätter. Entfernen Sie die Blüten zeitig, sonst wächst die Pflanze struppig weiter (→ Abb. 1). Durch den Blütenschnitt wird das Wachstum der Blätter angeregt.

KLETTERGERÜST INSTAND HALTEN

Das lebende Klettergerüst benötigt außer einem leicht abgeschatteten Standort nur wenig Aufmerksamkeit. Beim Blütenausputzen der **Schwarzäugigen Susanne** sollten Sie genau aufpassen, dass Sie nicht aus Versehen eine Knospe abknipsen (→ Abb. 2). Frische Knospen und Früchte sehen sich nämlich zum Verwechseln ähnlich. Ein Blick in das Innere der papierartigen Hülle verrät den Unterschied.

2 **Früchte entfernen:** Die Schwarzäugige Susanne produziert wahre Blütenmassen. Entfernen Sie die zurückbleibenden unschönen Hüllen. Achtung: Früchte und Blütenknospen ähneln sich!

Die schlingenden Triebe wachsen laufend von unten nach. Wenn Sie nicht aufpassen, wuchern sie schnell die Nachbarpflanzen oder Teile des Balkons zu. Leiten Sie die Triebe daher regelmäßig nach oben. Je dichter das Gerüst berankt ist, desto besser ist der Sichtschutz.

In sehr feuchten und warmen Sommern kann Echter Mehltau an der **Schwarzäugigen Susanne** ein Problem werden. Sie erkennen ihn am weißen Belag auf der Blattoberseite. Abwischen und ähnliche Hausmittel helfen wenig. Am besten sprühen Sie die Pflanzen bei Befallsbeginn einmal kräftig mit Pilzmittel ein.

SICHER ÜBER DEN WINTER

Bei den meisten der verwendeten Pflanzen handelt es sich um Einjährige oder hierzulande nicht winterharte Pflanzen. Einzig das **Mädchenauge** übersteht einen Winter, am besten, indem sie es im Gartenboden eingraben.

Größere und wertvolle **Wandelröschen** räumen Sie noch vor dem ersten Frost im Oktober oder November ins Haus. In hellen Räumen und bei Temperaturen um die 10 °C behält die Pflanze ihr Blattkleid im Winter bei.

Was tun, wenn ...

... die Blätter plötzlich gelb werden?

Die Schwarzäugige Susanne baut während des Sommers ein enormes Blattkleid auf, das gut mit Nährstoffen versorgt werden will. Gelbe Blätter mit grünen Adern sind ein Zeichen von Eisenmangel. Flüssiges Nachdüngen mit Eisenchelaten (→ Seite 149) hilft, den Mangel zu beheben.

3 **Blüten ausputzen:** Verwelkte Blütentriebe des Wandelröschens brechen Sie bis zur nächsten Achsel zurück, sonst bildet es Früchte.

4 **Verblühtes entfernen:** Die Blüten des Zweizahns und der Edelpelargonie sind nässeempfindlich. Zupfen Sie regelmäßig Verblühtes ab.

EIN BALKON IN KÜHLEN FARBEN

Das braucht man dazu:

PFLANZEN
a) 4 × Blaue Mauritius
b) 2 × Blaue Passionsblume 'Amethyst'
c) 5 × Blaues Gänseblümchen
d) 3 × Eisenkraut 'White Lace'
e) 1 × Enzianstrauch 'Royal Robe'
f) 2 × Fächerblume 'Blue Wonder'
g) 1 × Glänzende Tibouche
h) 5 × Nemesie 'Sunsatia Coconut'
i) 4 × Vanilleblume 'Incense'

ZUBEHÖR
Blaue Steinguttöpfe (2 hohe, 2 niedere), 1 blaues kleines Steingutgefäß, 2 graue Balkonkästen (60 cm), Gießkanne, 3 Holzstangen á 1,20 m, Acryllack blau, Pinsel

Versuchen Sie doch einmal eine Balkongestaltung in kühlen Farben, indem Sie Blautöne und Weiß kombinieren. Blau wirkt beruhigend und stimmt uns positiv. In der Natur gibt es allerdings kaum rein blaue Farbtöne, es dominiert eine Art Blauviolett. Die Blaue Mauritius ebenso wie das Blaue Gänseblümchen, die Vanilleblume, der Enzianstrauch und die Tibouche blühen in verschiedenen Blauviolett-Tönen.
Um die Wirkung zu verstärken, lackieren Sie die Stäbe für das Rankgerüst der Passionsblume ebenfalls blau (→ Seite 103). Als Kübel eignen sich Steinguttöpfe mit blauer Lasur. Einen schönen Kontrast zum Blau erzielen Sie mit den weißen Blüten von Eisenkraut und Nemesien. Nemesien sind empfindlich gegen Nässe, daher sollte der blaue Balkon einen Regenschutz besitzen.

KURZINFO

Anlage	Mai
Standort	halbschattig
Platzbedarf	12 m^2
Zeitbedarf	3 Std.
Pflegebedarf	15 Min./Woche
Level	✽✽✽

1 Blaue Passionsblume

Passiflora caerulea 'Amethyst'

BLÜTEZEIT: April – Oktober, HÖHE: 3 m
Die Blaue Passionsblume ist **robust**, sie verträgt sogar leichten bis mäßigen Frost. Sicherer ist es, sie frostfrei zu überwintern. Vorher Seitentriebe zurückschneiden. Im Sommer reichlich gießen, aber Staunässe vermeiden.

2 Fächerblume

Scaevola aemula 'Blue Wonder'

BLÜTEZEIT: April – Oktober, HÖHE: 10 cm
Eignet sich für Balkonkästen und Ampeln. Die Fächerblume zeigt sich sehr robust gegenüber längeren Nässeperioden. Sie wächst buschig und **blüht schon sehr früh**.

3 Glänzende Tibouche

Tibouchina urvilleana

BLÜTEZEIT: Mai – Oktober, HÖHE: 1 m
Die auch unter den Namen **Veilchenbaum** und Prinzessinenblume bekannte Kübelpflanze braucht regelmäßig Wasser und einen etwas geschützten Standort.

4 Vanilleblume

Heliotropium arborescens 'Incense'

BLÜTEZEIT: April – Okt., HÖHE: 30–120 cm
Der deutsche Name rührt von den intensiv nach **Vanille duftenden Blüten** her. Die Kübelpflanze braucht reichlich Wasser. Die Blüten größerer Exemplare können sehr schwer werden und benötigen als Stütze einen Stab. Vor Wind und Regen schützen.

Sonne   Halbschatten   hoher Wasserbedarf

BLICKDICHT UND GANZ PRIVAT

Ein entspannender Plausch mit dem Nachbarn ist sicherlich nett, aber selbst in der besten Nachbarschaft gibt es manchmal Situationen, in denen Sie auf der Terrasse oder dem Balkon frei von störenden Blicken Ihre Privatsphäre genießen möchten. Die einfachste Möglichkeit, das Wohnzimmer im Freien abzugrenzen, besteht in einem geschickten Arrangement von Kübelpflanzen, Ampeln und dicht bewachsenen Klettergerüsten. Auf Balkon und Terrasse können Sie auch mit Stoffsegeln Räume wirksam abgrenzen. Sie sind schnell aufgebaut, platzsparend und pflegeleicht.

Das Gleiche gilt für Paravents oder spanische Wände, die Sie auch leicht selbst bauen können. Schön wirken Konstruktionen mit natürlichen Materialien, wie z. B. ungeschälten Weiden.

Um die Sicht an viel befahrenen Straßen oder dicht bebauten Wohnanlagen einzuschränken, eignen sich Markisenstoffe, die Sie im Baumarkt oder Gartencenter bekommen.

1 **Ampeln:** Die herabhängenden Schleppen des Weißen Straußgrases bilden einen schön verwobenen Vorhang. In Ampeln gesetzt wirken sie dekorativ und grenzen Räume ab. Arrangieren Sie dazu noch einige Kübelpflanzen, und es entsteht ein dichtes Geflecht, das ganz die Blicke auf sich lenkt – der Balkonraum dahinter bleibt verborgen. Wenn Sie es eher bunt mögen, wählen Sie blühende Balkonpflanzen wie Petunien, Fuchsien oder Begonien für die Ampeln.

2 **Markisenstoff:** Um sich vor neugierigen Blicken zu schützen, können Sie wetterfeste und UV-beständige Markisenstoffe zwischen die Geländerstäbe spannen. Ziehen Sie die Stoffe gut fest, damit sie im Wind nicht flattern. Als Befestigung dienen Polyamidschnüre, die Sie durch die Ösen fädeln und verspannen. Das richtige Stoffmaß finden Sie, indem Sie von der Höhe und Breite des Geländers jeweils 2 cm abziehen. So bleibt genug Raum zum Straffen der Schnüre.

3 Stoffsegel: Mit Stoffsegeln und leichten Vorhangstoffen aus dem Möbelmarkt lässt sich einfach und preiswert ein abwechslungsreicher Sichtschutz kreieren. Für die Aufhängung eignen sich Holz- oder Gardinenstangen aus dem Baumarkt. Bedenken Sie, dass Stoffe, die für den Innenbereich gedacht sind, in der Sonne schnell ausbleichen. Regen und nächtlicher Tau setzen dem Material zusätzlich zu. Vorsicht: Sehr dünne Gewebe lassen UV-Strahlen durch und bieten der Haut keinerlei Schutz vor der Sonne.

3

4

4 Paravents: Als mobiler Sichtschutz bieten sich Wandschirme an. Diese zusammenklappbaren Stellwände gibt es z. B. aus Holz oder Bambus. Häufig sind sie mit farbenfrohen und wetterfesten Stoffen bespannt. Achten Sie darauf, dass der Paravent nicht zu leicht ist, sonst kippt er im Wind um. Stellen Sie neben den Paravent einige Kübel mit hohen Gräsern oder Bambus auf. Das Grün der Pflanzen harmoniert mit dem Holz und sorgt für zusätzlichen Sichtschutz.

5 Rankgitter: Hübsch anzusehen, blickdicht und zudem praktisch, weil essbar, ist dieser Sichtschutz aus Feuerbohnen, Tomaten und Kapuzinerkresse. Als Rankgitter dient ein Holzrahmen mit Metallgitter. Die Feuerbohne können Sie Ende April auf der Fensterbank vorziehen. Sind keine Nachtfröste mehr zu erwarten, setzen Sie sie zusammen mit den anderen Pflanzen in den Kasten. Die Feuerbohne wird sich ganz von selbst zwischen die Gitterstäbe winden.

5

DER FRISCHE DUFT VON ROSEN WEHT ÜBER DIESE TERRASSE. ZARTE BLÜTENBLÄTTER UND EINE WILDE, ÜPPIGE FÜLLE SORGEN FÜR EINE ROMANTISCHE STIMMUNG.

8

Rosen mit üppigem Fußvolk

Romantisches in zarten Farben

Das braucht man dazu:

PFLANZEN

a) 5 × Buntnessel *Plectranthus scutellarioides* 'Henna'
b) 10 × Doppelhörnchen *Diascia vigilis*
c) 3 × Eisenkraut *Verbena*-Hybride 'Peaches and Cream'
d) 5 × Gundermann *Glechoma hederacea* 'Variegata'
e) 8 × Nemesie *Nemesia*-Hybride 'Sunsatia Improved Mango'
f) 5 × Portulakröschen *Portulaca grandiflora* 'Porto Grande Scarlet'
g) 2 × Rose (Beetrose) *Rosa*-Hybride 'Augusta Luise'
h) 2 × Rose (Hochstamm) *Rosa*-Hybride 'Augusta Luise'
i) 6 × Schmuckkörbchen *Cosmos bipinnatus*

ZUBEHÖR

2 Holzzuber (70 cm Ø), 4 weiße Keramikschalen (2 × 50 cm Ø, 2 × 35 cm Ø), Kübelpflanzensubstrat, 2 Eisenstäbe, Juteband, Rosenschere, Gießkanne

KURZINFO

Anlage	Mai
Standort	sonnig, halbschattig
Platzbedarf	20 m²
Zeitbedarf	2 Std.
Pflegebedarf	30 Min./Woche
Level	✻✻

Was wirkt romantischer als eine Rose? Von alters her ist sie ein starkes Symbol: Die Rose steht für die Liebe, aber auch für Vergänglichkeit und Schmerz. Sie hat etwas Zauberhaftes und Geheimnisvolles. Am schönsten wirken Rosen in Gestaltungen, in denen die Pflanzen üppig und dicht wachsen. Zarte Farbtöne wie Rosarot und Hellblau, aber auch kräftiges Violett dürfen auf der romantischen Terrasse nicht fehlen.

'Augusta Luise' ist eine alte, bewährte und besonders robuste Rosensorte mit einem starken fruchtigen Duft. Die ganze Fülle der Romantik findet sich in ihren großen gefüllten Blüten wieder. Abwechslung bringen die unterschiedlichen Wuchsformen. So wachsen kleine Beetrosen und schlanke Hochstammrosen in den Holzgefäßen. In den Keramikschalen finden Sie Beetrosen kombiniert mit Balkonpflanzen.

Die Unterpflanzung hat etwas Wildes und Organisches. Blumen und Blattschmuckpflanzen sind asymmetrisch um die Rose angeordnet. Mit seinen langen Schleppen wächst der Gundermann

über seine Nachbarn hinweg und an den Wänden der Holzfässer herab. Der dichte Pflanzenteppich wird geschlossen durch pfirsichfarbenes Eisenkraut. Dazu passend zeigen sich die zarten Töne und zierlichen Blütenformen der Doppelhörnchen, Nemesien und der Schmuckkörbchen.
Die kräftigen Töne und die zerfranst wirkenden Blätter der Buntnesseln setzen dazu einen hübschen Kontrast. Fast unscheinbar und verwunschen wächst das Portulakröschen am Rande des Pflanztroges. Nur dem genauen Betrachter offenbart es seine besondere Schönheit.

Eine Einheit mit dem Garten

Die Romantik lebt von der Harmonie, daher kommt die Rosenterrasse am besten in einem naturnahen Garten zur Geltung. Sehen Sie die Pflanzenauswahl nur als Vorschlag und experimentieren Sie! Ist Ihre Terrasse eher schattig, dürfen es statt Rosen auch Clematis sein. Auch Hortensien mit ihren verwaschenen Farben passen gut zum Thema Romantik. Wer es ganz ausgefallen liebt, kann in einem größeren Holzbottich einen Miniteich anlegen. Hier finden Seerosen oder Sumpfgräser Platz.
Wichtig sind auch die Möbel. Schön und passend ist alles, was alt ist. Ein Gang über den Flohmarkt lohnt, wenn Sie besonders ausgefallene und einzigartige Möbel schätzen. Im Zuge der Nostalgiewelle bieten aber auch Baumärkte auf alt gemachte Gartenmöbel an.

Eine Frage des Standorts

Rosen lieben es in ihrer Heimat heiß und sonnig. Dennoch eignen sich für die Anlage dieser Gestaltung keine reinen Südterrassen. Auf den Steinen und in der Nähe von Hauswänden können während des Sommers in der prallen Sonne extreme Bedingungen auftreten. Besonders Rosen mit größeren Blättern wie die Sorte 'Augusta Luise' vertragen die Hitze nicht so gut.
Wer nicht für Schatten auf Terrasse oder Balkon sorgen kann, sollte auf Sorten mit kleineren Blättern ausweichen. Diese sind hitzeverträglicher.
Wenn der Standort passt, reduziert sich der Pflegeaufwand bei den Rosen und ihrer Unterpflanzung auf ein Minimum.

Holz und Keramik

In einer romantischen Gestaltung ist Natur pur angesagt. Das zeigt sich auch bei den verwendeten Materialien für die Gefäße. Verblichene Zuber oder Fässer aus Holz unterstreichen den natürlichen und wilden Charakter der Pflanzung. Pflanztröge aus Holz sind Handarbeit. Die schönsten Exemplare und eine große Auswahl finden Sie beim Böttcher oder Fassmacher. Die Pflanztröge werden aus Eichenholz gefertigt und sind äußerst langlebig. Optimal ist es, wenn sie wie Fässer innen ausgebrannt sind. So ist das Holz gegenüber Nässe und Fäulnis geschützt. Wer keine verblichene Optik wünscht, sollte das Holz einmal im Jahr mit Leinöl einstreichen.
Edel und sinnlich kommen die Keramikschalen daher. Dafür sorgen ihre einfache Form und die glasierte weiße Oberfläche. Hier lenkt nichts von der Schönheit der Blumen ab.

ROSEN GEKONNT IN SZENE SETZEN

Rosen sind keine klassischen Kübelpflanzen, denn im Beet reichen ihre Wurzeln weit in die Tiefe. Aber wenn Sie ein paar Regeln beachten, halten sich Rosen auch sehr gut in Pflanzgefäßen. Da sich in der Unterpflanzung frostempfindliche Beet- und Balkonpflanzen befinden, sollten Sie mit der Anlage bis Mitte Mai warten.
Das Terrassenjahr beginnt mit der Auswahl des richtigen Gefäßes. Wollen Sie an Ihrer Rosenterrasse über mehrere Jahr Freude haben, wählen Sie größere Gefäße, idealerweise mit einer Höhe von mindestens 40 cm. Je größer der Kübel oder Topf, desto wohler fühlt sich die Rose darin.
Auch an das Material stellt die Rose gewisse Anforderungen. Dünnwandige Plastiktöpfe scheiden von vornherein aus, da sie sich im Sommer zu stark erwärmen und im Winter nicht isolieren. Geeignet sind dagegen frostbeständiges Terrakotta, Keramik und Holz.

Rosen pflanzen

Die richtige Größe der Keramikschalen richtet sich nach der Menge der Pflanzen. In diesem Vorschlag wurden Schalen mit ca. 60 cm Durchmesser verwendet. Achten Sie unbedingt darauf, dass die Keramiktöpfe Abzugslöcher haben. Nachträglich lassen sich diese nur unter äußerster Vorsicht, z. B. mit einer Bohrmaschine, anbringen. Bei Holztrögen und Fässern kann dies ausnahmsweise entfallen, da Holz die Wurzeln ausreichend atmen lässt.
Ist der Ballen trocken, wässern Sie die Rose vor dem Pflanzen. Die unterste Lage im Gefäß besteht aus einer 5 cm dicken Dränageschicht aus Blähton. Dann wird der Topf bis zu einem Drittel mit Substrat gefüllt. Verwenden Sie Kübelpflanzenerde mit einem hohen Blähton- oder Blähschieferanteil. Der Blähton oder Blähschiefer verhindert, dass das Substrat zusammensackt. Zusätzlich sollte die Mischung einen hohen Tonanteil haben. Dieser speichert Nährstoffe und bindet Wasser. Achten Sie unbedingt auf die Angaben auf der Packung.
Rosen stehen bis zu vier Jahre im selben Trog. Reichern Sie das Substrat daher vor dem Pflanzen auf alle Fälle mit einem Langzeitdünger an. Die Wirkungsdauer sollte nicht unter sechs Monaten liegen (siehe Angaben auf der Packung). Optimal ist ein Langzeitdünger mit zwölfmonatiger Wirkungsdauer.
Dann setzen Sie die Rosen ein, und zwar so tief, wie sie vorher im Container standen. Pflanzen Sie die Rose etwas zum Rand hin, dann haben die Begleitpflanzen mehr Platz.

Halt für Hochstammrosen

Hochstammrosen sind Züchtungen, die auf dem Stamm einer Wildrose wachsen. Das nennt man veredeln. Die Veredelungsstelle sitzt knapp unterhalb der Krone. Auch Beetrosen haben eine Ver-

1 **Substrat einfüllen:** Zuunterst kommt eine Dränageschicht aus etwa 5 cm Blähton, um Staunässe zu verhindern. Dann befüllen Sie den Pflanztrog zu einem Drittel mit Kübelpflanzenerde.

Den Rosen zu Füßen

Für die Unterpflanzung nehmen Sie Beet- und Balkonpflanzen, die den romantischen Charakter der Rose unterstreichen. Wer eine andere Unterpflanzung ausprobieren möchte, sollte im nächsten Jahr einmal mit Stauden experimentieren.
In den ersten Holzzuber pflanzen Sie eine Hochstammrose und eine Beetrose. Ein weiterer Hochstamm kommt in den zweiten Zuber. Die zweite Beetrose wächst in der Keramikschale. Zwei Gefäße bleiben ohne Rosen. Bei den Gefäßen mit den Rosen ordnen Sie die Unterpflanzung asymmetrisch um die Rosen an, das lockert das Gesamtbild auf. Legen Sie die Pflanzen zunächst aus und achten Sie dabei auf ihren Wuchs. Meist haben die Pflanzen eine besonders schöne Seite, das ist das »Gesicht« der Pflanze. Drehen Sie die Pflanze so, dass diese Seite nach außen zeigt. Dann setzen Sie die Pflanzen ein (→ Abb. 3–5). Nicht zu hoch, lassen Sie mindestens 2 cm als Gießrand frei.

edelungsstelle. Sie liegt am Übergang zwischen Wurzel und Trieben. Diese Stellen müssen Sie im Winter unbedingt mit Erde, Stroh oder Reisig schützen. Im Sommer, wenn die Rosen in voller Blüte stehen, können die Kronen von Hochstammrosen ein beachtliches Gewicht erreichen. Wenn Regen und Wind ins Spiel kommen, sind die dünnen Stämmchen enormen Kräften ausgesetzt. Aus diesem Grund ist es unerlässlich, den Rosen zusätzlich Halt zu geben (→ Abb. 6–7). Dazu eignen sich Tonkinstäbe aus Bambus, die Sie im Fachhandel bekommen. Wesentlich dekorativer, wenn auch für den Halt nicht unbedingt erforderlich, sind Eisenstäbe. Sie werden vor allem auf Gartenfestivals in einer großen Auswahl angeboten. Achten Sie beim Kauf auf die richtige Länge. Der Stützstab sollte eine Handbreit über die Krone hinausragen. So können Sie im Winter auch den nötigen Winterschutz daran anbringen. Setzen Sie den Eisenstab so nah wie möglich am Stamm der Rose ein.

2 **Rose einsetzen:** Setzen Sie nun das Rosenstämmchen ein, nicht ganz in die Mitte des Gefäßes. Auf diese Weise entstehen für die Unterpflanzung eine Vorder- und eine Rückseite.

3

3 Pflanzen auslegen: Ordnen Sie jetzt die Pflanzen rund um die Rose an. Dabei gilt es, die spätere Wuchshöhe und das Wuchsverhalten zu berücksichtigen. Größere Pflanzen wie die Beetrose gehören auf die Vorderseite, also dort, wo zum Topfrand hin mehr Platz ist.

4

4 Stammnah einsetzen: Die hohen Pflanzen wie das Schmuckkörbchen setzen Sie dicht an den Stamm. Dann weiteres Substrat einfüllen, die mittelhohen und zum Schluss die hängenden Pflanzen einsetzen und alles festdrücken.

5

5 Bambusstab entfernen: Erst jetzt entfernen Sie den alten Bambusstab, an den die Rose beim Kauf befestigt war. Dazu biegen Sie das Stämmchen einfach ein bisschen zurück.

6

6 Eisenstab einsetzen: Suchen Sie sich für den Eisenstab eine feste Einstichstelle im Substrat. Der Stab sollte so nah wie möglich dem Stamm anliegen, damit er fest sitzt und später nicht am Stamm reibt. Sonst entstehen Verletzungen, die Eintrittspforten für Krankheiten darstellen.

7 **Festbinden:** In der Mitte des Rosenstammes schlingen Sie nun ein Hanfseil in Form einer Acht zunächst um den Eisenstab und dann um den Stamm. Der Knoten sitzt am Stab, nicht am Stamm. So erhalten Sie eine feste Verbindung.

Verspiegelte Glaskugeln dienen den Rosen als schmückende Begleiter. Es gibt sie in allen erdenklichen Farben.

DIE ROSE UND IHRE BEGLEITER

1

1 Buntnessel
Plectranthus scutellarioides 'Henna'

BLÜTEZEIT: Juli – September, **HÖHE:** 30 cm
Die **Blattschmuckpflanze** bildet mehr Blätter und wächst schöner, wenn Sie die Blüten entfernen.

2

2 Doppelhörnchen
Diascia vigilis

BLÜTEZEIT: Mai – September, **HÖHE:** 15 cm
Diese auch **Elfensporn** genannte Pflanze blüht den ganzen Sommer über. Sie ist pflegeleicht, mag aber keine Staunässe. Kann hell bei 8–10 °C überwintert werden.

3

3 Eisenkraut
Verbena-Hybride 'Peaches and Cream'

BLÜTEZEIT: Mai – September, **HÖHE:** 10 cm
Eher aufrecht wachsende Sorte, die äußerst **widerstandsfähig** gegenüber Hitze und Nässe ist. Verblühtes regelmäßig herausschneiden.

4

4 Gundermann
Glechoma hederacea 'Variegata'

BLÜTEZEIT: April – Juni, **HÖHE:** 10 cm
Gundermann bildet lange Ausläufer. Wuchert er zu stark, können Sie ihn problemlos zurückschneiden. Die Sorte 'Variegata' hat weiß-grüne Blätter. Die Pflanze braucht viel Feuchtigkeit. Die Vermehrung gelingt über Stecklinge oder durch Teilen. Die **Blätter sind essbar**. Sie geben Salaten, Suppen und Gemüse einen herb-würzigen Geschmack.

Sonne   Halbschatten   Schatten   hoher Wasserbedarf

5 Nemesie
Nemesia-Hybride 'Sunsatia Improved Mango'

BLÜTEZEIT: April – September, **HÖHE:** 25 cm
Nemesien reagieren **empfindlich auf Staunässe** und vertragen keine längeren Regenperioden. Sie brauchen daher eine gute Dränage und eventuell einen geschützten Standort unterm Dach. Verblühtes entfernen und nach der ersten Blüte zurückschneiden, dann blühen sie noch einmal.

5

6

6 Portulakröschen
Portulaca grandiflora 'Porto Grande Scarlet'

BLÜTEZEIT: Mai – September, **HÖHE:** 5 cm
Das mit der Salatpflanze Portulak verwandte Portulakröschen mag einen trockenen und warmen Standort. Die **fleischigen Blätter** dienen als Wasserspeicher.

7 Rose
Rosa-Hybride 'Augusta Luise'

BLÜTEZEIT: Juni – September, **HÖHE:** 2 m
'Augusta Luise' ist **regenfest**. Verblühtes regelmäßig und gründlich entfernen. Im Gefäß frostfrei und hell überwintern.

7

8

8 Schmuckkörbchen
Cosmos bipinnatus

BLÜTEZEIT: Mai – September, **HÖHE:** 30 cm
Das Schmuckkörbchen, auch **Kosmee** genannt, mag es warm und sonnig. Regelmäßig gedüngt blüht es ausdauernd.

Duft   winterhart   giftig   pflegeleicht

SO BLEIBEN DIE ROSEN GESUND

1 **Blütenschnitt:** Entfernen Sie Verblühtes regelmäßig mit einer Rosenschere. So können sich in den welken Blütenblättern keine Krankheiten ausbreiten, und die Rose bildet schon nach zwei bis drei Wochen neue Blüten. Schneiden Sie den ganzen Stiel über dem zweiten Laubblatt ab.

2 **Blätter untersuchen:** Untersuchen Sie die Blätter der Rosen von Zeit zu Zeit auf Flecken oder Pilzsporen, besonders bei feuchtem Wetter.

Während des Sommers ist es wichtig, die **Rosen** regelmäßig von Verblühtem zu befreien. Die zarten Blütenblätter sind Brutstätten für Pilze und Bakterien. Putzen Sie die Rosen mindestens einmal wöchentlich mit einer Rosenschere aus. Dabei entfernen Sie den gesamten Blütenstiel. Geschnitten wird über dem ersten oder zweiten voll entwickelten Laubblatt (→ Abb. 1). Entfernen Sie auch Blütenblätter, die auf die Unterpflanzung herabfallen.
Bei der Hochstammrose können den Sommer über Wildtriebe aus dem Stamm wachsen. Entfernen Sie auch diese regelmäßig.
Nemesien, Schmuckkörbchen und **Eisenkraut** danken es Ihnen, wenn Sie Verblühtes ausbrechen. Allzu üppig wuchernden **Gundermann** können Sie mit der Schere leicht bändigen.

3 **Wildtriebe entfernen:** Damit Stammrosen ihre Form beibehalten, schneiden Sie Wildtriebe, die aus dem Stamm wachsen, regelmäßig direkt am Stamm mit einer Rosenschere ab.

In nassen und schwülen Sommern lassen sich Schadpilze wie Sternrußtau, Rosenrost, Echter und Falscher Mehltau kaum vermeiden. Wichtig ist, dass Sie früh reagieren und die Pilze mit einem Fungizid tropfnass sprühen, weil nur dann das Mittel seine volle Wirkung entfaltet (→ Abb. 2 und 4). Je nach Art und Stärke des Befalls kann auch eine zweite Behandlung nötig werden. Biologische Mittel, z. B. auf Kupferbasis, sind im Laden frei zugänglich. Chemische Mittel bekommen Sie auf Anfrage vom Verkäufer.
Düngen Sie **Rosen** und Begleitpflanzen mindestens einmal wöchentlich mit Flüssigdünger. Bei heißem Wetter sollten Sie täglich gießen, sonst alle zwei bis drei Tage.

ROSEN ÜBERWINTERN UND SCHNEIDEN

Edelrosensorten überstehen im Beet die Winter im gemäßigten Klima mit Schutzmaßnahmen problemlos. Nur bei sehr strengen Frösten unter –15 °C kann es zu Schäden kommen. Im Topf jedoch besteht die Gefahr, dass der Wurzelballen durchfriert. Daher sollten Sie die **Stamm- und Beetrosen** im Spätherbst in kleinere Kunststofftöpfe umsetzen. Dann graben Sie einige Löcher in ein Beet und senken die Rosen im Boden ein. Die Zweigbasis ca. 15 cm hoch anhäufeln. Besonders frostgefährdet sind die Kronen der **Stammrosen** und deren Veredelungsstelle. Bei Stammrosen sitzt sie nur knapp unterhalb der Krone. Schieben Sie zum Schutz Reisig zwischen die Ästchen oder wickeln Sie Sackleinen darum. Wenn Sie keinen Garten haben, können Sie die Rosen im Topf lassen und zum Überwintern in einer weitgehend frostfreien hellen Garage oder einem Schuppen unterstellen.
Nach dem Winter, Ende März, ist die Zeit für einen Rückschnitt der Stamm- und Beetrosen. Schneiden Sie sie soweit zurück, dass drei bis acht Knospen (Augen) pro Trieb stehenbleiben. Alle drei bis fünf Jahre können Sie auch einen Verjüngungsschnitt durchführen. Dabei schneiden Sie bei den Beetrosen alte Triebe dicht über dem Boden ab. Sie treiben dann wieder neu aus. Bei Stammrosen werden die Triebe auf 15–20 cm Länge eingekürzt.

4 **Pflanzenschutzmittel spritzen:** Sobald Sie Flecken oder Pilzsporen auf den Rosenblättern bemerken, sprühen Sie alle Pflanzenteile tropfnass mit einem Fungizid ein.

ROMANTISCHE ROSEN IM EDLEN QUARTETT

Das braucht man dazu:

PFLANZEN

a) 3 × Efeu
Hedera helix 'Mini-Esther'
b) 2 × Myrte
Myrtus communis
c) 1 × Prunkwinde
Ipomoea purpurea
d) 3 × Rose
Rosa-Hybride 'Tequila'

ZUBEHÖR

2 quadratische Eisenkübel (30 cm, 1 m hoch), 2 kubische Eisenkübel (50 cm), 4 Kunststofftöpfe (50 cm hoch), 2 rechteckige Terrakottatöpfe (15 × 20 cm), Kübelpflanzensubstrat, Langzeitdünger, Blähton, Tonscherben

Nur vier edle Nachbarn werden hier in Szene gesetzt: Die üppigen Beetrosen in verführerischem Orange, duftende Myrten und die bizarr gemusterten Blätter des Efeus passen perfekt zur Kulisse der Pflanztröge aus patiniertem Eisen. Die Sicht zum Nachbarn wird verstellt durch die dicht ineinander verwobenen Triebe der Prunkwinde. Dieser Kletterer wird ungeschnitten gut 3 m hoch und benötigt eine Kletterhilfe (→ Seite 100–103). In dieser Umgebung lässt sich entspannt ein Buch lesen oder eine Tasse Tee genießen.

Die Gestaltung ist äußerst pflegeleicht. Die Rosen werden nach der Blüte bis zum nächsten Laubblatt zurückgeschnitten. Efeu und Rose überwintern draußen, die Myrte drinnen in einem hellen und frostfreien Raum. Die einjährige Prunkwinde im nächsten Frühjahr einfach neu aussäen.

KURZINFO

Anlage	Mai
Standort	sonnig, halbschattig
Platzbedarf	8 m²
Zeitbedarf	2 Std.
Pflegebedarf	30 Min./Woche
Level	✽

1 Efeu
Hedera helix 'Mini-Esther'

HÖHE: 10 cm, hängend
Elegante Sorte mit graugrüner Mitte und eher schwachem, **kompaktem Wuchs**. Gut für Kübelpflanzungen und kleine Töpfe geeignet.

2 Myrte
Myrtus communis

BLÜTEZEIT: Juni – September, HÖHE: 0,3–5 m
Der **immergrüne Strauch** mag weder Staunässe noch Trockenheit. Schon geringer Nachfrost kann schaden. Hell und kühl überwintern.

3 Prunkwinde
Ipomoea purpurea

BLÜTEZEIT: Juni – September, HÖHE: bis 3 m
Die Prunkwinde, auch Morning Glory, öffnet ihre Blüten meist nur am Morgen. Die tropische Kletterpflanze braucht eine **Rankhilfe**.

4 Rose
Rosa-Hybride 'Tequila'

BLÜTEZEIT: Juni – September, HÖHE: bis 80 cm
Buschig wachsende Beetrose in Goldorange, die gut im Kübel wächst. Sie ist robust, winterhart und **blüht bis in den Herbst** hinein.

Sonne · Halbschatten · hoher Wasserbedarf · Duft · winterhart · giftig

Birgit genießt die wohltuende Ruhe

GRÄSER UND BAMBUS ZAUBERN EINE FERNÖSTLICHE ATMOSPHÄRE AUF IHRE TERRASSE. EINE INSPIRIERENDE UMGEBUNG, IN DER SICH HERRLICH ENTSPANNEN LÄSST.

9

Asien-Flair mit Gräsern & Co

Ein Ort der Ruhe und Inspiration

Das braucht man dazu:

PFLANZEN

a) 3 × Grünlilie
Chlorophytum comosum

b) 4 × Mühlenbeckie
Muehlenbeckia complexa

c) 1 × Muriels Schirmbambus
Fargesia murielae 'Simba'

d) 1 × Neuseeland-Flachs
Phormium tenax 'Variegata'

e) 3 × Neuseeland-Segge
Carex comans

f) 1 × Plattährengras
Chasmantium latifolium

g) 1 × Rohrglanzgras
Phalaris arundinacea 'Picta'

h) 1 × Schneeweiße Hainsimse
Luzula nivea

i) 1 × Silber-Chinaschilf
Miscanthus sinensis
'Gracillimus'

j) 1 × Ziersegge
Carex brunnea

ZUBEHÖR

9 Keramiktöpfe (4 × 30 cm Ø, 3 × 50 cm, 2 × 70 cm), Balkonpflanzenerde, Weißtorf, Langzeitdünger, Blähton, Vlies, Grabegabel, Gießkanne

KURZINFO

Anlage	April
Standort	halbschattig
Platzbedarf	16 m^2
Zeitbedarf	2 Std.
Pflegebedarf	15 Min./Woche
Level	*

Asiatische Gartengestaltung ist etwas für Menschen mit viel Liebe zum Detail. In asiatischen Gärten geht es immer um das harmonische Zusammenspiel von Stein, Wasser und Pflanzen. Kompositionen im asiatischen Stil wirken selbst auf engstem Raum. Deshalb eignen sich auch Terrassen und Balkone für eine Gestaltung nach fernöstlichem Vorbild.

Aber Asien ist groß, und in den einzelnen Teilen des Kontinents hat sich die Gartenkunst unterschiedlich entwickelt. Im chinesischen Garten dürfen üppige und exotische Blumen wachsen. In den berühmteren japanischen Gärten herrschen Gräser, Farne, Ahorn und Kiefern vor.

Japanisches Flair

Auf der Terrasse mit einem betont japanischen Flair kommen vor allem Gräser und Bambus zum Einsatz. Besonders imposant wirkt der Schirmbambus mit seiner Unterpflanzung aus Mühlenbeckie. Trotz seiner über 2 m langen Halme ist der Schirmbambus eher ein kleinerer Vertreter

seiner Art und daher besonders gut für die Topfkultur geeignet. In ähnliche Höhen dringt auch der Neuseeland-Flachs vor. Diese Blattschmuckpflanze von der anderen Seite der Erde ist extrem anspruchslos und hält sogar Frost aus. In punkto Anspruchslosigkeit steht ihr die Grünlilie in nichts nach.
Von den klassischen Gräsern wirkt das Chinaschilf mit seinen über 1 m langen Wedeln besonders imposant. Es wächst horstig und kann daher gut in Töpfen kultiviert werden. Das leicht giftige Rohrglanzgras zieht mit seinen weiß-grünen Blättern die Blicke auf sich.
Bei vielen Gräsern stehen die Blütenstände eher im Hintergrund. Vom Gegenteil überzeugt das Plattährengras mit seinen großen platt gedrückten Fruchtständen. Das Gräser-Ensemble wird abgerundet von zwei Seggen, der Ziersegge und der Neuseeland-Segge. Sie gehören ebenso wie die Schneeweiße Hainsimse zu den Sauergräsern und lieben sauren Boden.

Pflegeleichter Blattschmuck

Gräser wachsen problemlos in Kübeln und Töpfen, sind pflegeleicht und in großer Auswahl erhältlich. Die Suche nach den hier verwendeten Arten wird Sie in Staudengärtnereien führen. Sie halten die größte Auswahl bereit. Wenn Sie die angegebenen Arten und Sorten nicht finden, dann fragen Sie in Ihrer Gärtnerei einfach nach Alternativen mit ähnlichen Ansprüchen.
Gräser lassen sich sehr schön durch Gehölze oder Kletterpflanzen ergänzen. Japanisches Flair bringen Fächerahorn, Zierkirsche oder Kletterhortensie auf die Terrasse. Auch Kombinationen aus Farnen und Funkien passen wunderbar zu Gräsern. Als Topfmaterial kommt glasiertes Steingut infrage, auch Kunststoffcontainer aus Fiberglas sind denkbare Alternativen.
Wichtig ist, dass Sie die Standortbedingungen Ihrer Terrasse bei der Pflanzenauswahl mit einfließen lassen. Gräser und auch Bambus sind zwar weitgehend unempfindlich, gedeihen aber im Halbschatten besser als in der prallen Sonne.

INFO

Seltene Blüte

Anders als bei Blumen rufen die Blüten des Schirmbambus wenig Freude hervor: Kurz nachdem sie erscheinen, stirbt die Pflanze ab. Aber keine Sorge: Das geschieht nur alle 80 bis 100 Jahre einmal. Bambus wird daher nicht wie die meisten Pflanzen über Samen, sondern durch Teilung der Horste vermehrt.

Für einen Teil der verwendeten Pflanzen brauchen Sie außerdem einen hellen und kühlen Ort im Haus zum Überwintern.

Das Beet einbeziehen

Nach japanischer Vorstellung sind Harmonie und Einheit die wichtigsten Prinzipien der Gestaltung. Daher wirken Gräser und Bambus auf der Terrasse am besten, wenn auch das angrenzende Beet im gleichen Stil gestaltet ist. Das geht ganz einfach: Nehmen Sie zwei oder drei Arten, die in der Terrassengestaltung vorkommen, und wiederholen Sie sie im Beet. Das vermittelt Ruhe und eine entspannte Atmosphäre.

GRÄSER TEILEN UND PFLANZEN

Die fernöstliche Atmosphäre wirkt umso authentischer, wenn Sie das an die Terrasse angrenzende Beet ähnlich gestalten. Wenn Sie das Beet neu anlegen, wiederholen Sie am besten zwei bis drei Pflanzen, die auch auf der Terrasse stehen. Haben Sie bereits eine Pflanzung im asiatischen Stil, umso besser: Dann können Sie größere Exemplare teilen und für die Terrassengestaltung verwenden (→ Abb. 2–4).

Gräser pflanzen

Schirmbambus, Neuseeland-Flachs und Gräser können Sie bereits im April in Staudengärtnereien, Baumschulen und Gartencentern kaufen. Entfernen Sie die Schilder, die in den Töpfen stecken, bis zum Einpflanzen nicht, damit Sie die Pflanzen auseinanderhalten können!

1 **Steine platzieren:** Steine sind ein wichtiges Gestaltungselement. Suchen Sie z. B. an Flussufern nach schönen Exemplaren und verteilen Sie sie im Beet. Die größeren räumen Sie vor dem Pflanzen erst einmal beiseite.

In die Keramiktöpfe, die unbedingt ein Loch im Boden haben sollten, schichten Sie etwa 10 cm Blähton als Dränage. Darüber legen Sie ein Vlies. Auch das Vlies bekommen Sie im Gartencenter. Alternativ zur direkten Pflanzung können Sie auch Kunststofftöpfe nehmen und die Keramiktöpfe als Übertöpfe verwenden. Der Vorteil: Sie können die Pflanzen entnehmen und zum Überwintern in den Gartenboden einsenken.
Als Substrat nehmen Sie Balkon- oder Kübelpflanzenerde. Es gibt zwar spezielle Grünpflanzensubstrate. Diese sind aber teurer, und die Pflanzen wachsen darin auch nicht besser.
Die Seggen bevorzugen ein leicht saures Substrat. Das stellen Sie selbst her, indem Sie Balkonpflanzenerde und Weißtorf zu gleichen Teilen mischen. Weißtorf hat keine Nährstoffe und ist extrem sauer. Man bekommt ihn in großen Packungen im Gartencenter oder in landwirtschaftlichen Lagerhäusern.
Dazu geben Sie Langzeitdünger. Die Menge richtet sich nach dem Topfvolumen und den Angaben auf der Packung. Für die nährstoffbedürftigen Gräser können Sie ruhig die Obergrenze der empfohlenen Menge annehmen.
Dann füllen Sie die Töpfe zu einem Drittel mit Substrat und setzen die Gräser, den Bambus und den Flachs ein. Füllen Sie nun mit Substrat auf und lassen Sie einen Gießrand von etwa 2 cm.

Start im April

Da den Pflanzen leichter Frost nichts ausmacht, dürfen Sie bereits Mitte April auf die Terrasse. Das Pflanzen ist sehr einfach: In jeden Kübel kommt nur eine Pflanzenart. Einzig zum Schirmbambus gesellt sich noch die Mühlenbeckie als Unterpflanzung. Diese ergänzen Sie wegen der Frostempfindlichkeit der Mühlenbeckie erst im Mai. Das Gleiche gilt für die Grünlilie.

2 **Gras ausgraben:** Größere Exemplare aus der Beetgestaltung können Sie teilen und für die Terrasse verwenden. Graben Sie die stark verfestigten Wurzeln vorsichtig mit einer Grabegabel aus und schütteln Sie die Erde ab.

3 **Ballen teilen:** Mit einem Spaten lassen sich die stark verwachsenen Wurzeln am besten teilen. Erde und Wurzeln lösen sich leichter voneinander, wenn der Boden nicht zu trocken ist. Ein Teilstück zurück ins Beet pflanzen.

4 **Beet bepflanzen:** Das zweite Teilstück pflanzen Sie in einen Keramiktopf und stellen ihn auf die Terrasse. Jetzt folgen weitere Gräser ins Beet. Verwenden Sie für die Beetgestaltung Arten, die auch auf der Terrasse stehen. So bilden Terrasse und Beet eine harmonische Einheit.

PFLANZEN IM ASIA-STYLE

1 Grünlilie

Chlorophytum comosum

BLÜTEZEIT: Juni – Oktober, **HÖHE:** 30 cm
Die Grünlilie ist der Inbegriff der **Anspruchslosigkeit.** Regelmäßig düngen, sonst bleichen die Blätter aus. Kühl, aber frostfrei überwintern.

2 Mühlenbeckie

Muehlenbeckia complexa

BLÜTEZEIT: Juni – Juli, **HÖHE:** 20 cm
Klassische **Blattschmuckpflanze.** Übersteht leichte Fröste, verbringt den Winter aber besser im Haus an einem hellen kühlen Platz.

3 Muriels Schirmbambus

Fargesia murielae 'Simba'

HÖHE: 2,5 m
Kleinwüchsiger, aber **füllig wachsender** Bambus. Alle zwei Jahre teilen und gut düngen.

4 Neuseeland-Flachs

Phormium tenax 'Variegata'

BLÜTEZEIT: Juli – September, **HÖHE:** 2 m
Diesen Blattschmuck sollten Sie regelmäßig teilen und umtopfen. **Hell überwintern,** übersteht leichte Fröste.

Sonne · Halbschatten · Schatten · hoher Wasserbedarf · Duft

5 Neuseeland-Segge
Carex comans

BLÜTEZEIT: Juni – Juli, **HÖHE:** 20 cm
Diese Segge punktet mit ihrem bronzefarbenen, **filigranen Laub**. Wie die ebenfalls verwendete Ziersegge, *Carex brunnea*, bevorzugt sie leicht saure Substrate.

6 Plattährengras
Chasmanthium latifolium

BLÜTEZEIT: August – September, **HÖHE:** 50 cm
Markanter Blickfang sind die platt gedrückten Blütenstände, die an bogig **überhängenden Halmen** hängen. Im April umtopfen, dabei die Wurzelmasse verkleinern. Im Sommer mit jedem Gießgang düngen.

7 Rohrglanzgras
Phalaris arundinacea 'Picta'

BLÜTEZEIT : Juni – Juli, **HÖHE:** 1 m
Dieses Gras ist schön, aber **leicht giftig**. Wie alle Gräser im Frühjahr umtopfen und dabei den Wurzelstock verkleinern.

8 Schneeweiße Hainsimse
Luzula nivea

BLÜTEZEIT: Juni – August, **HÖHE:** 40 cm
Das Ziergras begeistert mit seinen Blütenständen, die auch in **Sträußen** eine gute Figur machen. Im Kübel eignet es sich für Kombinationen mit Frühlingsblühern.

9 Silber-Chinaschilf
Miscanthus sinensis 'Gracillimus'

BLÜTEZEIT: Okt. – Nov., **HÖHE:** 1,5 cm
Das Chinaschilf braucht regelmäßig Dünger. Im Herbst sind seine Halme **prächtig gefärbt** und die Wedel glänzen silbrig.

winterhart giftig pflegeleicht

SO BLEIBEN BAMBUS UND GRÄSER FIT

1 **Schattiges Winterquartier:** Frostharte Gräser wie Chinaschilf, Neuseeland-Segge oder Plattährengras stellen Sie im Winter besser in eine schattige Ecke auf der Terrasse. So vermeiden Sie, dass die Erde im Topf in der Wintersonne immer wieder auftaut und nachts gefriert. Das bedeutet Stress für die Pflanzen.

Vom Frühjahr bis zum Herbst macht die Komposition aus Gräsern, Bambus und Neuseeland-Flachs kaum Arbeit. Gräser verlieren kaum Blätter oder Blüten, und es gibt nichts auszuknipsen. Die Pflege reduziert sich daher auf das Gießen und Düngen. Etwas mehr Zeit müssen Sie für Ihre Asia-Gestaltung erst dann aufbringen, wenn sie über mehrere Jahre steht. Dann gilt es, Gräser und Bambus zu teilen, zurückzuschneiden und gelegentlich umzutopfen.

START IN DAS FRÜHJAHR

Im Frühjahr schneiden Sie die trockenen Halme der winterharten **Gräser** zurück. Anfang April ist auch der richtige Zeitpunkt umzutopfen. Geben Sie dem **Bambus** alle zwei Jahre ein neues Zuhause. Dabei ist es erforderlich, den Wurzelstock zu teilen, sonst wird der Bambus rasch zu groß. Nehmen Sie die Pflanze dazu aus dem Kübel, legen Sie sie auf den Boden und teilen Sie den Wurzelstock mit dem Spaten.
Auch das Umtopfen der **Gräser** geht mit einem Verkleinern des Wurzelstockes einher. Stechen Sie mit dem Spaten etwa so viel Wurzelmasse ab, dass die restliche Pflanze wieder genug Platz im Topf hat. Würden Sie nichts abnehmen, bräuchten Sie über die Jahre immer größere Gefäße. Dasselbe gilt für den **Neuseeland-Flachs**. Durch Teilen und Umtopfen im Frühjahr wird die Pflanze verjüngt und kann im Kübel bleiben.

FIT DURCH DEN SOMMER

Bambus ist ein Vielfraß, was Wasserbedarf und Düngung angeht. Das liegt am enormen Wachstum, das die Pflanze den Sommer über vollbringt. Im geringen Topfvolumen sind die Nährstoffe bald aufgebraucht, weshalb Sie flüssig nachdüngen sollten. Dabei greifen Sie am besten zu einem Dünger mit erhöhtem Stickstoffanteil, z. B. Grünpflanzendünger. Allerdings sind diese Spezialdünger verhältnismäßig teuer. Nicht optimal, aber wesentlich günstiger sind Universaldünger mit Spurennährstoffen. Empfehlenswerte Dünger enthalten etwas mehr Stickstoff (N) als Kalium (K), abzulesen in den Prozentangaben auf der Packung. Wie der Bambus benötigen auch alle anderen **Gräser** eine gute und kontinuierliche

2 **Noppenfolie isoliert:** In Gegenden mit milden Wintern kann der Bambus auch draußen überwintern. Wickeln Sie den Topf in Noppenfolie ein, am besten drei Lagen übereinander.

Entspannen auf Asiatisch: mit Tee aus einer gusseisernen Kanne.

Nährstoffversorgung. Der im Substrat befindliche Dauerdünger reicht für die kleineren Exemplare. Größere Pflanzen wie **Chinaschilf** oder das **Plattährengras** sollten Sie im Sommer mit jedem Gießgang flüssig düngen. Im Hochsommer täglich gießen.

SICHER ÜBERWINTERN

Zwar ist der **Schirmbambus** im Beet frostunempfindlich, im Topf besteht aber die Gefahr, dass die Erde durchfriert. Im Spätherbst braucht der Bambus daher ein sicheres Winterquartier. Ein ungeheizter, aber schattiger Wintergarten ist optimal. In milden Gegenden reicht es, den Topf draußen rundum mit Noppenfolie zu schützen. Damit er auch von unten gegen Kälte geschützt ist, stellen Sie den Topf auf einen festen Untergrund aus Stein oder Kies.

Für die winterharten Gräser wie **Chinaschilf**, **Hainsimse**, **Neuseeland-Segge**, **Plattährengras** und **Rohrglanzgras** reicht ein geschützter und schattiger Platz, z. B. in einer Ecke der Terrasse, zum Überwintern. Die aus Südasien stammende **Ziersegge** und die **Grünlilie** brauchen ein frostfreies Quartier. Auch **Neuseeland-Flachs** und **Mühlenbeckie** überwintern hell und kühl, am besten ist ein Wintergarten.

3 **Frühlingsschnitt:** Winterharte Gräser sind auf der Terrasse im Winter ein schöner Blickfang. Schneiden Sie die Halme daher erst im Frühjahr – rechtzeitig vor dem Neuaustrieb – bis auf wenige Zentimeter über dem Boden zurück. Wenn dann die Temperaturen steigen, treibt die Pflanze direkt aus dem Wurzelstock neu aus.

HÄUFIGE KRANKHEITEN UND SCHÄDLINGE

Selbst bei bester Pflege kommt es gelegentlich vor, dass sich auf einzelnen Pflanzen Schädlinge und Krankheiten ausbreiten. Sehr oft ist daran länger anhaltende ungünstige Witterung schuld, aber auch Staunässe, Überdüngung oder infizierte Pflanzen in der Nachbarschaft können die Auslöser sein. Hier ist Vorbeugung das Mittel der Wahl: Kontrollieren Sie die Pflanzen regelmäßig, denn ein begrenzter Befall lässt sich schnell und ohne Chemie bekämpfen. Auslichten, Absammeln und Abwischen sind wirksame Maßnahmen, um zu verhindern, dass sich Krankheiten und Schädlingen ausbreiten.
Um hartnäckige Pilzkrankheiten wie Echten Mehltau oder Sternrußtau an Rosen wirksam zu behandeln, sollten Sie aber auf alle Fälle ein Breitbandfungizid im Haus haben. Die meisten tierischen Schädlinge lassen sich mit natürlichen Produkten auf Ölbasis oder mit Insektizid-Stäbchen, die Sie in die Erde stecken, bekämpfen.

1

1 **Mehltau:** In schwülwarmen Sommern tritt er bevorzugt an Rosen auf. Der Pilz zeigt sich als weißlicher, abwischbarer Belag auf den Blättern. Am besten können Sie ihm begegnen, indem Sie resistente Sorten wählen. Auch Substrate mit hohem Tonanteil helfen. Sie halten das Gießwasser gut, sodass die Pflanzen weniger unter Trockenstress leiden. Regelmäßig mit Rosendünger oder einem anderen kaliumreichen Dünger versorgen, das stärkt das Pflanzengewebe.

2 **Grauschimmel:** Blüten und Blätter von Pelargonien sind bei Regenperioden sehr anfällig für *Botrytis*. Auch Temperaturen um 25 °C liebt dieser Pilz. Ein Dach als Regenschutz und ein sonniger und luftiger Standort sind die besten Maßnahmen zur Vorbeugung. Bei Befall hilft es, Verblühtes sofort zu entfernen, denn dort findet der Pilz einen optimalen Nährboden. Ein weiterer Ausbreitungsherd sind die unteren Blätter. Zupfen Sie sie von Zeit zu Zeit ab.

2

3 **Blattläuse:** Sie gehören zu den präsentesten Plagegeistern. Wenn Sie auftreten, ist die Pflanze meist bereits aus einem anderen Grund geschwächt, häufig durch ungünstige Witterung. Eingerollte Blätter, wie an diesen Fuchsien, und klebriger Honigtau sind Anzeichen für Blattlausbefall. Sind es nur wenige Läuse, können Sie sie abwischen oder mit einem Wasserstrahl entfernen. Sehr gut wirken milde Insektizide auf Basis des Niembaum-Öls. Bei stärkerem Befall hilft nur ein chemisches Insektizid.

4 **Weiße Fliegen:** Dieser auch Mottenschildlaus genannte Schädling vermehrt sich bei warmem und trockenem Wetter manchmal explosionsartig. Er befällt die unterschiedlichsten Pflanzen, bei Fuchsien kann er richtig lästig werden. Um Weiße Fliegen im Winter zu verhindern, entfernen Sie bei Fuchsien vor dem Einräumen in den Überwinterungsplatz alle Blätter und sprühen ein ölhaltiges Insektizid. Ein luftiger und kühler Standort beugt einem Befall ebenfalls vor.

5 **Napfschildläuse:** Hartlaubige Pflanzen wie Oleander oder Zitrus werden oft von Napfschildläusen befallen. Getarnt mit ihrem Schild auf dem Rücken, saugen die Larven an Blattrippen, -unterseite und Stängeln. Sind nur einzelne Zweige befallen, genügt es, die Zweige auszulichten oder die Blätter und Stängel abzuwischen, um die Ausbreitung zu verhindern. Starkem Befall kommen Sie nur mit Insektiziden bei: mehrmals im Abstand von drei bis fünf Tagen spritzen.

Sauer macht lustig

GELBE ZITRONEN, KNORRIGE OLIVEN UND LEUCHTENDE GRANATÄPFEL VERMITTELN MEDITERRANE LEBENSLUST. HIER KOMMT GARANTIERT URLAUBSSTIMMUNG AUF.

10

Terrasse im mediterranen Stil

Entspannen wie am Mittelmeer

Das braucht man dazu:

PFLANZEN

a) 1 × Goldmargerite *Euryops athanasiae*
b) 1 × Granatapfel *Punica granatum*
c) 7 × Kapmargerite *Osteospermum ecklonis* 'Yellow Symphony'
d) 2 × Keulenlilie *Cordyline australis*
e) 1 × Kumquat *Fortunella margarita*
f) 5 × Lakritz-Strohblume *Helichrysum petiolare* 'Minima'
g) 2 × Mittagsblume *Dorotheanthus bellidiformis*
h) 1 × Olivenbaum *Olea europaea*
i) 2 × Silbereiche *Grevillea lanigera* 'Mt. Tamboritha'
j) 1 × Zitrone *Citrus limon*

ZUBEHÖR

2 Terrakottakästen (70 × 30 cm), 5 Terrakottatröge, Kübelpflanzensubstrat, Eisenchelat-Dünger, Langzeitdünger, Briefwaage, Tonscherben

KURZINFO

Anlage	Mai
Standort	sonnig
Platzbedarf	16 m^2
Zeitbedarf	2 Std.
Pflegebedarf	30 Min./Woche
Level	✻

Wer liebt sie nicht, die mediterrane Lebensart? Lichtdurchflutete Landschaften, laue Sommernächte am Meer, lebensfrohe Menschen und, nicht zu vergessen, die kulinarischen Genüsse der Mittelmeerküche.

Holen Sie sich ein Stück dieses Lebensgefühls nach Hause. Das Arrangement aus Oliven, Zitronen und echtem Terrakotta zaubert warme, südländische Atmosphäre auf die Terrasse oder den Balkon. Die Leichtigkeit der Gestaltung wird unterstrichen durch äußerst pflegeleichte und genügsame Pflanzen. So schaffen Sie sich einen Ort, an dem Sie sich entspannt zurücklehnen und genießen können.

Klassiker des Mittelmeers

Der Reiz und der besondere Charme einer Mittelmeerterrasse entfalten sich am besten mit älteren und größeren Pflanzen. Sie strahlen mehr Ruhe aus und stehen für die Beständigkeit des Mittelmeerklimas. Aber je nach Platzangebot und Geldbeutel verbreiten auch kleinere Exemplare

mediterrane Stimmung. Oliven, Zitronen, Kumquats und Granatäpfel sind klassische Nutzpflanzen der Mittelmeerregion. Sie fehlen in kaum einem Garten südlich der Alpen. Richtig überwintert tragen sie auch bei uns Früchte, wenngleich Sie sich bis zur Ernte oft bis in den Herbst gedulden müssen.
Die kleinen Kumquats gehören zu den Zitrusfrüchten. Sie stammen ursprünglich aus China. Die orangenen Früchte können Sie direkt vom Strauch pflücken und verzehren. Man isst sie mit Schale. Im reifen Zustand dürfen die Früchte auch längere Zeit an der Pflanze hängen bleiben. So bieten sie den Sommer über einen attraktiven Blickfang. Am Ende der Saison lässt sich eine köstliche Marmelade zubereiten. Eine ebenso leckere Ernte bescheren das Zitronenbäumchen und der Granatapfel.
Beim Olivenbaum funktioniert es nicht so einfach von der Hand in den Mund. Seine Früchte sind im Rohzustand ungenießbar. Um sie zu einem kulinarischen Leckerbissen zu verarbeiten, legen Sie sie in Salzlake ein. Nach einem alten italienischen Hausrezept wird 1 kg schwarze Oliven mit Wasser bedeckt. Dann mischen Sie 50 g grobes Meersalz und nach Geschmack Kräuter und Gewürze unter. Die Mischung bleibt zwei Wochen abgedeckt bei Zimmertemperatur stehen. Mehrmaliges Durchrühren stellt sicher, dass alle Oliven konserviert werden.

Oliv und Erdfarben dominieren

Das Arrangement greift die klassischen Farben des Mittelmeerraumes auf. Der silbrig-graugrüne Glanz der Olivenblätter spiegelt sich bei der Silbereiche wider. Das leuchtende Rot der Granatapfelblüten rundet zusammen mit der Olive und dem rostroten Terrakotta das Bild ab.
Blüten spielen auf der mediterranen Terrasse eine untergeordnete Rolle, hier wirkt die gesamte Pflanze. Das gilt auch für die Unterpflanzung, die von dem zurückhaltenden Grau der Lakritz-Strohblume dominiert wird (Porträt → Seite 59). Leuchtend gelbe Farbtupfer steuern Kapmargerite und Goldmargerite bei, auch die Mittagsblume blüht in zartem Gelb.
Schlichte Eleganz zeichnet die Gefäße aus. Besonders stilecht wirken verschieden große runde und eckige Pflanzgefäße aus Terrakotta.

Einfach und pflegeleicht

Von der gleißenden Sonne des Südens und einem kargen Boden lassen sich Mittelmeerpflanzen wenig beeindrucken. Daher sind Oliven, Zitronen & Co genügsame und zähe Pflanzen, die allerdings nur langsam und spärlich wachsen. Ideal ist ein sehr sonniger Standort. Mit den Bedingungen in einem Pflanzgefäß kommen diese Pflanzen viel besser zurecht als so manche heimische Pflanze. Schaden anrichten können Sie allenfalls mit zu häufigem Gießen. Etwas Platz brauchen Sie allerdings, um die Kübelpflanzen frostfrei über den Winter zu bringen. Ganz kostbare oder sehr große Exemplare können Sie auch den Winter über in einer Gärtnerei in Ihrer Nähe in Pflege geben.

URLAUBSFEELING IM HANDUMDREHEN

Die in dieser Gestaltung verwendeten Mittelmeerpflanzen werden mit den Jahren immer attraktiver. Wenn Sie etwas mehr Geld ausgeben möchten, können Sie aber auch gleich mit älteren Exemplaren starten. Es gibt sie in gut sortierten Baumschulen, aber auch in Gartencentern und Gärtnereien. Sie werden in den Ländern rund um das Mittelmeer herangezogen und kommen als Importware nach Deutschland. Achten Sie auf gute Qualität beim Einkauf!

Bei der Zitrone und der Kumquat erkennen Sie diese an einem glatten, astfreien Stämmchen und sattgrünem Laub. Wurden die Pflanzen frisch importiert, sind an den Zweigen viele Blüten neben ausgereiften und unreifen Früchten zu sehen. Standen sie dagegen schon längere Zeit in der Gärtnerei, tragen sie nur wenige Blüten oder Früchte. Wurden sie zudem falsch gepflegt, leiden sie oft unter Eisenmangel. Das ist erkennbar an hellgrünem Laub mit dunklen Blattrippen.

Olivenbäume gibt es in allen Größen und Altersstufen. Schön sind Stämmchen, sie wirken auch als jüngere Pflanzen schon alt und knorrig. Achten Sie hier auf einen gleichmäßigen Kronenaufbau. Wer mehr Geld investieren will, findet in Baumschulen gestutzte, sehr alte Olivenbäume in großen Pflanztrögen. Durch den starken Rückschnitt treiben sie kräftig aus, haben buschige Kronen und einen sehr dicken Stamm.

Beim Granatapfel gibt es spezielle Ziersorten mit gefüllten Blüten. Auch Zwergformen, die auf Stämmchen veredelt sind, werden angeboten. Wenn Sie zu solchen Sorten greifen, können Sie aber keine Früchte ernten.

Im Mai geht's los

Die beste Zeit, um Zitronen und andere Mittelmeerpflanzen zu kaufen, ist der Mai. Die Pflanzen kommen abgehärtet aus dem italienischen

Winter und fühlen sich im mitteleuropäischen Frühjahr richtig wohl.

Goldmargeriten werden oft fälschlicherweise als Strauchmargeriten oder botanisch *Argyranthemum* angeboten. Im Gegensatz zu den Strauchmargeriten sitzen die sonnengelben Blüten der Goldmargerite auf langen Stielen. Die Blätter sind kräftiger und größer als bei der Strauchmargerite. Goldmargeriten gibt es in den verschiedensten Formen. Kaufen Sie auch hier eine ältere Pflanze als Stämmchen.

Für die Unterpflanzung besorgen Sie nun noch die Silbereiche, Lakritz-Strohblume, Keulenlilie, Kapmargerite und Mittagsblume.

Gut versorgt

Häufig bieten Gartenmärkte für Zitruspflanzen spezielle Dünger und Substrate an. Sie sind in kleineren Packungsgrößen abgepackt und etwas

teurer als andere Balkonpflanzendünger und -substrate. Hintergrund ist die Empfindlichkeit der Zitrone gegenüber Eisenmangel. Dieser Mangel tritt vor allem dann auf, wenn die Pflanzen mit kalkhaltigem Gießwasser versorgt werden. Statt vieler Spezialdünger und -erden kaufen Sie lieber eine gute Kübelpflanzenerde und einen Langzeitdünger, der mindestens sechs Monate wirkt. Mit diesen Ausgangsprodukten können Sie auf die Bedürfnisse aller Balkon- und Kübelpflanzen eingehen.
Bei Zitruspflanzen mischen Sie dem Substrat zusätzlich zum Langzeitdünger noch Eisenchelat oder einen Spurenelement-Mischdünger bei. Achten Sie beim Kauf des Spurenelementdüngers unbedingt auf die Angabe Chelatdünger. Damit ist eine besondere chemische Aufbereitung der Spurenelemente gemeint, durch die die Nährstoffe erst nach und nach verfügbar werden. So vorbereitet werden Zitronen und Kumquat den Sommer über prächtig wachsen.

In Terrakotta pflanzen

Terrakotta ist ein durchlässiges Material. Luft und Wasser dringen durch den Topf nach außen. Das ist einerseits gut, denn so wird Staunässe vermieden und die Wurzeln können atmen. Andererseits werden mit dem Wasser auch Düngersalze nach außen transportiert. Diese Salze kristallisieren aus und bilden unschöne weiße Flecken auf der Topfoberfläche. Oft bilden Algen einen zusätzlichen grünen Schleier. Reinigen Sie die Töpfe vor dem Bepflanzen mit Zitronensäure.
Jetzt geht es an die Bepflanzung der Kästen: Je eine Keulenlilie kommt genau in die Mitte. Daneben platzieren Sie wie im Pflanzplan angegeben Mittagsblume, Kapmargerite und Lakritz-Strohblume. In die Kübel pflanzen Sie immer zuerst die großen Pflanzen, und zwar nicht genau in die Mitte, sondern etwas nach hinten versetzt, damit die Unterpflanzung Platz hat. Legen Sie die Exemplare für die Unterpflanzung zuerst nach Pflanzplan aus. Meist haben die Pflanzen eine besonders schöne Seite, die kommt nach außen.

INFO

Krone in luftiger Höhe

Viele Obstarten und Ziergehölze werden auch als Stämmchen angeboten. Hierbei handelt es sich um keine spezielle Sorte, sondern um eine besonders geschnittene Pflanze. Bei Balkonblumen werden dafür auch Pflanzenhormone eingesetzt.

Der Granatapfel steht allein in einem Gefäß, ihn platzieren Sie genau in die Mitte.
Bepflanzte Terrakottatröge können sehr schwer werden. Wenn Sie die Kübel nicht direkt an Ort und Stelle bepflanzen wollen, besorgen Sie sich eine Schubkarre oder fragen Sie einen netten Nachbarn, ob er Ihnen beim Verrücken hilft. Auf jeden Fall aber empfiehlt es sich, die Gefäße erst dann einzugießen, wenn sie ihren festen Platz auf der Terrasse gefunden haben. Das Gießwasser in der Erde bedeutet zusätzliches Gewicht.

1 **Tonscherbe einlegen:** Eine Tonscherbe am Boden der Gefäße verhindert, dass Substrat und Wurzeln das Abzugsloch verstopfen. Ein guter Wasserabzug ist gerade für die trockenresistenten Mittelmeerblüher wichtig. Andernfalls kommt es zu Wurzelfäulnis im Topf.

Mittelmeerpflanzen brauchen nicht viel Wasser, aber damit sie gut anwachsen, gießen Sie sie einmal kräftig an.

2 **Eisendünger abwiegen:** Um Eisenmangel vorzubeugen, geben Sie in das Substrat der Zitruspflanzen neben Langzeitdünger auch Eisendünger. Wenige Gramm reichen allerdings aus. Genaues Wiegen ist wichtig (Briefwaage!).

3 **Substrat mischen:** Der Eisendünger muss gut im Substrat verteilt sein. Mischen Sie etwa ein Drittel der abgewogenen Menge in den unteren Teil des Kübels. Der Rest wandert in das Substrat rings um die Pflanze.

4 **Zitrus umsetzen:** Zitruspflanzen haben spitze Dornen an ihren Zweigen, an denen man sich verletzen kann. Größere Exemplare können zudem ganz schön schwer sein. Setzen Sie die Pflanzen daher sicherheitshalber zu zweit um.

5 **Einpflanzen:** Setzen Sie die Pflanze in ein Terrakotta-Gefäß, das etwa ein Drittel höher als der Ballen der Pflanze ist. Um den Wurzelballen herum sollte oben noch eine Handbreit Abstand zum Gefäß sein, damit die Pflanze Platz hat.

6 **Auffüllen:** Rings um den Ballen füllen Sie das Substrat-Dünger-Gemisch nur locker bis 2 cm unter den Gefäßrand ein. Zum Schluss setzen Sie die Unterpflanzung ein. Dann verdichten Sie das Substrat leicht mit dem Handballen.

7 **Angießen:** Gießen Sie auch Mittelmeerpflanzen nicht zu sparsam an. Großzügiges Gießen erleichtert den Bodenschluss und das Anwachsen. Außerdem wird überschüssiges Wasser sehr schnell vom Terrakotta absorbiert, und feuchtes Substrat nimmt Wasser leichter auf.

ZITRONE, OLIVE & CO

1 Goldmargerite

Euryops athanasiae

BLÜTEZEIT: April – Oktober, HÖHE: 0,3–1 m
Junge Pflanzen **wachsen buschig** und eignen sich für Blumenkästen. Die älteren verholzten Exemplare sind schöne Kübelpflanzen. Verwelktes entfernen.

2 Granatapfel

Punica granatum

BLÜTEZEIT: Juni, HÖHE: 0,5–2 m
Der Granatapfel stammt aus Vorderasien und **mag es heiß**, hält aber auch mal mäßige Fröste aus. Den Winter übersteht er hell und kühl bei etwa 5 °C.

3 Kapmargerite

Osteospermum ecklonis 'Yellow Symphony'

BLÜTEZEIT: Mai – September, HÖHE: 20–40 cm
Kapmargeriten brauchen einen **geschützten Standort**. Nachts oder bei bedecktem Himmel schließen sich die Blüten. Neben gelben und weißen Sorten gibt es auch violette und rosa Töne. Verblühtes regelmäßig ausknipsen.

4 Keulenlilie

Cordyline australis

BLÜTEZEIT: Juli – August, HÖHE: 1,5–3 m
Die Keulenlilie ist **unverwüstlich**. Weder Hitze noch Kälte oder Nässe können ihr ernsthaft etwas anhaben. Hell und kühl überwintert wachsen sie in mehreren Jahren zu stattlichen Exemplaren heran.

Sonne Halbschatten Schatten hoher Wasserbedarf Duft

5 Kumquat

Fortunella margarita

BLÜTEZEIT: Mai, **HÖHE:** 2 m
Die kleinen Kumquats wollen regelmäßig gedüngt und mit Eisenchelat versorgt werden. Die Früchte sind dekorativ und lassen sich zu **köstlicher Marmelade** einkochen.

6 Mittagsblume

Dorotheanthus bellidiformis

BLÜTEZEIT: Mai – September, **HÖHE:** 35 cm
Die Blume mit den **pinkfarbenen Zungenblüten** hält Trockenheit gut aus. Fehlt das Nass von oben, greift sie auf gespeichertes Wasser in ihren fleischigen Blättern zurück. Entfernen Sie regelmäßig die welken Blüten.

7 Olivenbaum

Olea europaea

BLÜTEZEIT: Juni, **HÖHE:** 2 m
Der Olivenbaum kann **frostfrei überwintert** steinalt werden. Düngen Sie regelmäßig und topfen Sie ihn gelegentlich um.

8 Silbereiche

Grevillea lanigera 'Mt. Tamboritha'

BLÜTEZEIT: ganzjährig, **HÖHE:** 15 cm, hängend
Australien ist die Heimat der Silbereiche. Dementsprechend mag sie es heiß, hält aber auch leichte Fröste aus. Sie **wächst gedrungen** und eignet sich gut zur Unterpflanzung.

9 Zitrone

Citrus limon

BLÜTEZEIT: Mai – Juni, **HÖHE:** 0,5–1,5 m
Blüten und Früchte der Zitrone wachsen gleichzeitig am Stamm. **Eisenmangel** färbt das Laub hellgelb. Regelmäßig düngen!

winterhart   giftig   pflegeleicht

RUHE IM WINTER, POWER IM SOMMER

1 **Kübelpflanze umtopfen:** Topfen Sie mediterrane Kübelpflanzen wie die Olive am besten im Frühjahr um. Der Topf sollte dem Ballen ein Viertel mehr Platz bieten als das alte Gefäß. Geben Sie der Kübelpflanzenerde einen Langzeitdünger und bei Zitruspflanzen einen Chelatdünger zu.

Pflanzen aus dem Mittelmeerraum sind den Sommer über extrem pflegeleicht, da sie ja am Naturstandort mit Hitze und Trockenheit zurechtkommen müssen. Aber auch feuchtere und kühlere Sommer machen ihnen nichts aus.
Gießen Sie regelmäßig, aber vermeiden Sie unbedingt Staunässe im Topf. Wenn die Pflanzen auf einem unempfindlichen Terrassenbelag wie Naturstein stehen, können Sie den Übertopf weglassen. Das sieht nicht nur typisch mediterran aus, sondern stellt auch sicher, dass überschüssiges Gießwasser ablaufen kann.

UMTOPFZEIT IST FRÜHJAHR

Im Frühling ist die beste Zeit zum Umtopfen für Mittelmeergewächse (→ Abb. 1). Vor dem Umsetzen sollten Sie das neue Gefäß gründlich von innen und von außen reinigen, um Krankheitserreger und Düngesalze von der Oberfläche zu entfernen (→ Abb. 3). Die Gefäßgröße wählen Sie immer ein Drittel bis ein Viertel größer als den alten Kübel.
Vor dem Umsetzen entfernen Sie altes Substrat vom Ballen und lockern den Ballen mit einer Grabegabel auf. Allzu lange und verfilzte Wurzeln können Sie auch abschneiden. Der Wurzelschnitt und die neue Erde wirken wie eine Frischzellenkur für die Pflanzen: Der Austrieb und das Wachstum werden dadurch angeregt. Topfen Sie jüngere Kübelpflanzen alle zwei Jahre, ältere Exemplare spätestens alle vier bis fünf Jahre um.

DÜNGUNG IM AUGE BEHALTEN

Wenn größere Kübelpflanzen wie **Zitronen** und **Kumquats** über mehrere Jahre in einem Pflanzgefäß stehen, kann es mit der Zeit zu Nährstoffmangelerscheinungen kommen. Allen voran der beschriebene Eisenmangel, den sie an aufgehellten Blättern und grünen Blattrippen erkennen.

Diese Mängel sind für die Pflanze nicht lebensbedrohlich, schwächen aber das Wachstum. Die wichtigste Gegenmaßnahme bei akutem Mangel ist das Gießen mit Eisenchelaten (→ Abb. 2). Damit es erst gar nicht zu Mangelerscheinungen kommt, hier ein paar einfache Ratschläge:

- Verwenden Sie zum Gießen nur Regenwasser oder abgestandenes Leitungswasser. In normalem Leitungswasser ist oft zu viel Kalk. Der hebt den pH-Wert an, und die Pflanze kann Nährstoffe nicht mehr so gut aufnehmen.
- Düngen Sie im Sommer mindestens zweimal wöchentlich mit einem flüssigen Volldünger. Bei besonders heißem Wetter sollten Sie nur halb so viel Dünger wie auf der Packung angegeben ins Wasser geben, aber täglich düngen.

HELL UND KÜHL ÜBERWINTERN

Kübelpflanzen aus dem Mittelmeerraum brauchen den Winter über kühle Temperaturen und ausreichend Licht. Wiederum gilt die Regel: Je ähnlicher Sie die Bedingungen nachahmen, die in der Heimat der Pflanzen herrschen, desto besser kommen die Pflanzen durch den Winter. Ein unbeheizter, aber frostfreier Wintergarten ist für die Überwinterung ideal. Im Notfall reicht auch ein heller Keller oder ein weitgehend frostsicherer heller Schuppen.

Wer zu Hause solche Bedingungen nicht schaffen kann, kann seine Pflanzen auch beim Gärtner überwintern. Dort mieten Sie die Stellfläche und bekommen zudem professionelle Betreuung. Das empfiehlt sich besonders für wertvollere und ältere Gehölze, die teuer und nicht ohne Weiteres nachzukaufen sind.

2 **Eisenmangel-Schnellhilfe:** Eisenmangel bei Zitrone und Kumquat beugen Sie vor, indem Sie ein- bis zweimal pro Saison das Gießwasser mit einem Eisendünger anreichern.

3 **Kübel säubern:** Auf Terrakottatöpfen bildet sich im Laufe der Jahre ein Belag aus Nährsalzen und Algen. Die Düngersalze wandern aus der Erde durch den Ton und kristallisieren an der Oberfläche aus. Der Belag lässt sich leicht mit einer Bürste und Zitronensäure entfernen.

KLASSIKER

Deutscher Name	Blütezeit	Porträt
Blaue Mauritius	Mai – Okt.	S. 108
Blaues Gänseblümchen	Mai – Sept.	S. 74
Doppelhörnchen	Mai – Sept.	S. 120
Edelpelargonie	Mai – Sept.	S. 104
Eisenkraut	Mai – Sept.	S. 58, 104, 120
Fächerblume	April – Okt.	S. 109
Fuchsie	Mai – Sept.	S. 58–59
Goldmargerite	April – Okt.	S. 146
Hängepelargonie	Mai – Sept.	S. 44
Husarenknopf	Mai – Sept.	S. 105
Kapmargerite	Mai – Sept.	S. 44, 146
Männertreu	Mai – Sept.	S. 49
Mittagsblume	Mai – Sept.	S. 147
Nemesie	April – Sept.	S. 121
Petunie	Mai – Sept.	S. 45
Strauchmargerite	April – Sept.	S. 45
Vanilleblume	April – Okt.	S. 109
Zonalpelargonie	April – Sept.	S. 45
Zweizahn	Mai – Sept.	S. 105

KÜBELPFLANZEN

Deutscher Name	Blütezeit	Porträt
Bougainvillee	Mai – Sept.	S. 49
Brasiljasmin	Mai – Sept.	S. 44
Enzianstrauch	Mai – Okt.	S. 49
Forsythie	März – April	S. 15
Granatapfel	Juni	S. 146
Jasminnachtschatten	Mai – Okt.	S. 75
Myrte	Juni – Sept.	S. 125
Olivenbaum	Juni	S. 147
Wandelröschen	Juni – Okt.	S. 105
Weiße Engelstrompete	Mai – Okt.	S. 75
Weißer Stechapfel	Juni – Sept.	S. 94
Zitrone	Mai – Juni	S. 147

KRÄUTER

Deutscher Name	Blütezeit	Porträt
Borretsch	Juni – Aug.	S. 88
Currykraut	Juli – Sept.	S. 88
Echter Lavendel	Juli – Aug.	S. 89
Echter Salbei	Juni – Sept.	S. 89
Echter Thymian	Mai – Sept.	S. 89
Erdbeerminze	Juli – Aug.	S. 89
Jiaogulan	Juli – Aug.	S. 90
Kleiner Wiesenknopf	Juni – Juli	S. 90
Krause Petersilie	Juni – Juli	S. 90
Rosmarin	Mai – Juni	S. 90
Schnittlauch	Mai	S. 91
Zahnlavendel	Juni – Sept.	S. 91
Zitronenmelisse	Juni – Juli	S. 91
Zitronenverbene	Juli – Sept.	S. 91

STAUDEN UND ZWIEBELPFLANZEN		
Deutscher Name	**Blütezeit**	**Porträt**
Afrikanische Schmucklilie	Juli	S. 74
Alpenveilchen-Narzisse	März	S. 14
Blaustern	März	S. 19
Christrose	März	S. 19
Funkie	Juli – Aug.	S. 63
Großblumiges Mädchenauge	Mai – Sept.	S. 104
Hyazinthe	März	S. 19
Narzisse	April – Mai	S. 15
Prachtkerze	Mai – Aug.	S. 45
Traubenhyazinthe	März	S. 19

BLATTSCHMUCKPFLANZEN UND GRÄSER		
Deutscher Name	**Blütezeit**	**Porträt**
Buntnessel	Juli – Aug.	S. 104, 120
Efeu		S. 14, 125
Grünlilie	Juni – Okt.	S. 132
Gundermann	April – Juni	S. 120
Lakritz-Strohblume	Mai – Sept.	S. 59
Mühlenbeckie	Juni – Juli	S. 132
Muriels Schirmbambus		S. 132
Neuseeland-Flachs	Juli – Sept.	S. 132
Neuseeland-Segge	Juni – Juli	S. 133
Pfennigkraut	Juni – Juli	S. 105
Plattährengras	Aug. – Sept.	S. 133
Rohrglanzgras	Juni – Juli	S. 133
Schneeweiße Hainsimse	Juni – Aug.	S. 133
Silber-Chinaschilf	Okt. – Nov.	S. 133
Silbereiche	ganzjährig	S. 147
Süßkartoffel		S. 45
Weißes Straußgras		S. 75
Ziersegge		S. 133

DUFTPFLANZEN		
Deutscher Name	**Blütezeit**	**Porträt**
Bergtabak	Juni – Sept.	S. 95
Blaustern	März	S. 19
Christrose	März	S. 19
Duftende Nachtkerze	Juli – Sept.	S. 95
Flügeltabak	Juli – Sept.	S. 95
Hyazinthe	März	S. 19
Myrte	Juni – Sept.	S. 125
Nachtjasmin	Juni – Sept.	S. 95
Rose	Juni – Sept.	S. 121, 125
Traubenhyazinthe	März	S. 19
Vanilleblume	April – Okt.	S. 109
Weißer Stechapfel	Juni – Sept.	S. 94

ESSBARES		
Deutscher Name	**Erntezeit**	**Porträt**
Birne	Okt.	S. 28
Chili	Juli – Sept.	S. 33
Erdbeere	Juni – Sept.	S. 28
Fenchel	Juli – Okt.	S. 28
Granatapfel	Okt. – Nov.	S. 146
Kleine Kapuzinerkresse	Juli – Okt.	S. 28
Kumquat	ganzjährig	S. 147
Mangold	Juni – Okt.	S. 29
Olivenbaum	Nov. – Dez.	S. 147
Paprika	Juli – Sept.	S. 29, 33
Peperoni	Juli – Sept.	S. 33
Pflücksalat	Mai – Okt.	S. 29
Rote Johannisbeere	Juli	S. 29
Süßkartoffel	Oktober	S. 45
Tomate	Juni – Okt.	S. 29
Zitrone	ganzjährig	S. 147

REGISTER

Halbfett gesetzte Seitenzahlen verweisen auf Abbildungen.

LITERATUR

Gröne, H./Kaiser, K.: **Immerblühende Beete.** Gräfe und Unzer Verlag, München
Haberer, M.: **Taschenatlas Ziergräser.** Ulmer Verlag, Stuttgart
Hertle, B./Kiermeier, P./Nickig, M.: **Das große GU Praxishandbuch Gartenblumen.** Gräfe und Unzer Verlag, München
Kötter, E.: **Das große GU Praxishandbuch Kräuter.** Gräfe und Unzer Verlag, München
Rau, H.: **Rosen.** Gräfe und Unzer Verlag, München
von Ehren, L.: **Handbuch.** 3. Auflage. Lorenz von Ehren GmbH & Co. KG, Hamburg

ADRESSEN

Allgemeine Informationen

Bayerische Gartenakademie
An der Steige 15, 97209 Veitshöchheim
www.lwg.bayern.de/gartenakademie

Gartenakademien anderer Bundesländer unter:
www.gartenakademien.de

Gärtner

Adressen von Fachbetrieben in Ihrer Nähe:
www.ihre-gaertnerei.de

Baumschulen

Adressen von Baumschulen in Ihrer Nähe:
Bund deutscher Baumschulen
Bismarckstraße 49, 25421 Pinneberg
www.bund-deutscher-baumschulen.de

Staudengärtnereien

Mit PLZ-Suche für Händler in Ihrer Nähe für D, A, CH:
Stauden Ring GmbH
Im Drielaker Moor 33, 26135 Oldenburg
www.staudenring.de

Sarastro-Stauden
Ort 131, A-4974 Ort/Innkreis
www.sarastro-stauden.com

Samen

Kiepenkerl
Im Weidboden 12, 57629 Norken
www.kiepenkerl.de

Sperli-Samen/Carl Sperling & Co GmbH
Hamburger Straße 35, 21339 Lüneburg
www.sperli.de

Thompson & Morgan
Postfach 1069, 36243 Niederaula
www.thompson-morgan.de

Fuchsiensorten

Deutsche Dahlien-, Fuchsien- und Gladiolengesellschaft e.V.
Maasstraße 153, 47608 Geldern
www.fuchsien.ddfgg.de

Kräuter

Arche Noah
Obere Straße 40, A-3553 Schiltern
www.arche-noah.at

Raritätengärtnerei Treml
Eckerstraße 32, 93471 Arnbruck
www.pflanzentreml.de

Rühlemann's Kräuter & Duftpflanzen
Auf dem Berg 2, 27367 Horstedt
www.ruehlemanns-shop.de

Kübelpflanzen

Flora Mediterranea
Königsgütler 5, 84072 Au/Hallertau
www.floramediterranea.de

Flora Toskana
Schillerstraße 25, 89278 Nersingen
www.flora-toskana.de

Zwiebelpflanzen

Informationsbüro für Zwiebelblumen c/o NED.WORK
Achenbachstraße 26, 40237 Düsseldorf
www.blumenzwiebeln.de

Küpper Blumenzwiebeln & Saaten GmbH
Postfach 1468, 37254 Eschwege
www.kuepper-bulbs.de

AUTOREN

Isolde Bazlen ist staatlich geprüfte Floristmeisterin und als freie Gestalterin und Ausstellungsarchitektin tätig. Sie gibt europaweit Seminare und unterrichtet Gestaltung an der Fachschule für Gartenbau in Landshut. Für ihre künstlerische Leistung wurde sie in der Vergangenheit bereits mehrfach ausgezeichnet.

Markus Wittenzeller ist Diplom-Agraringenieur und Lehrkraft an der Fachschule für Gartenbau in Landshut. Dort bereitet er Gärtner in Kursen und Seminaren auf die Meisterprüfung vor. Direkt nach dem Studium der Gartenbauwissenschaften in Freising-Weihenstephan arbeitete er vier Jahre als Lektor und Redakteur bei Buch- und Zeitschriftenverlagen.

DANK

Verlag, Autoren und Fotograf danken für die freundliche Unterstützung bei der Fotoproduktion:
Blumen Mayrhofer, Landshut
Clematis Gartenplanladen, Freising
Gärtnerei Baumgartner, Freising
Gärtnerei Schullian, Bozen
Gärtnerei Wohlgemut, Moosburg
Glashaus, Kirchdorf
Hilde und Wolfgang Holzner, Freising
Kunst- und Lustgärtnerei, Oberschleißheim
Rita Schäftlmeier, Attenkirchen
Johanna Schöps, München
Eva und Gerhard Weh, Moosburg/Isar

Besonderer Dank gilt außerdem der Staatlichen Fachschule für Agrarwirtschaft, Fachrichtungen Gartenbau sowie Garten- und Landschaftsbau, Landshut, und den Studierenden der Klasse Zierpflanzenbau und Stauden für die Mitwirkung an diesem Buch:
André Ditterich
Ilona-Evita Gieffers
Stefan Graminger
Lukas Heitzer
Sabine Höck
Andrea Högl
Barbara Keßler
Sabine Kraus
Andrea Wangner
Wolfram Wied
Sina Zauge

HINWEISE

- Einige der hier beschriebenen Pflanzen sind giftig oder hautreizend. Sie dürfen nicht verzehrt werden.
- Bewahren Sie Dünge- und Pflanzenschutzmittel für Kinder und Haustiere unerreichbar auf.
- Suchen Sie bei Verletzungen umgehend einen Arzt auf. Eventuell ist eine Impfung gegen Tetanus erforderlich.

BILDNACHWEIS

Alle Fotos stammen von **Oliver Haßler** mit Ausnahme von:

Blu-Blumen: 89-4; **Elke Borkowski:** 15-3, 91-4; **Hans Döring:** Cover; **Wolfgang Eberts:** 132-3; **Flora Press:** 14-1, 29-2, 63-4, 146-1; **GAP-Photos:** 15-1, 19-1, 19-2, 19-3, 19-4, 28-3, 49-1, 49-2, 63-1, 75-1, 78-2, 90-3, 90-4, 91-1, 95-2, 125-3, 133-3, U4-2; **Garden-Collection:** 35-3, 45-2, 45-4, 49-4, 63-3, 79-1, 95-3; **Garden Picture Library:** 16, 28-4, 44-4, 45-1, 91-2, 95-1; **Garden World Images:** 15-2, 33-3, 90-2, 104-1, 105-2, 120-3, 121-2, 133-5, 146-3, 146-4; **Getty Images:** 2-3; **Kientzler Jungpflanzen:** 14-2, 125-1; **Barbara Kobler:** 150; **Anneliese Kompatscher:** 88-2, 89-1, 91-3; **Hans Laux:** 90-1; **Manfred Pforr:** 105-3; **Hans Reinhard:** 147-2; **Guido Sachse:** 34-2, 35-2, 64-2, 65-3, 88-1, 136-1, 136-2, 137-1, 137-2, 137-3; **Schneider-Will:** 109-4, 121-3; **Stockfood:** 33-1; **Friedrich Strauß:** 8, 18-1, 28-1, 29-5, 32-1, 33-4, 34-1, 35-1, 48-1, 49-3, 62-1, 63-2, 64-1, 65-1, 65-2, 74-2, 78-1, 79-2, 94-1, 95-4, 110-1, 110-2, 111-1, 111-2, 111-3, 124-1, 125-2, 125-4, 147-1, 147-5; **Wildlife:** 33-2; **Eva Wunderlich:** 89-2.

Zeichnungen von **Heidi Janiček**, München.

Oliver Haßler hat eine professionelle Ausbildung für Druck, Grafik und Medien-Design. Seite 2002 arbeitet er als selbstständiger Fotograf und Fotodesigner mit Schwerpunkt Reportage-, Architektur- und Werbe-Fotografie.

Syndication:
www.jalag-syndication.de

Idee und Projektleitung: Angelika Holdau
Lektorat: Frauke Bahle, Karlsruhe
Bildredaktion: Daniela Laußer, Adriane Andreas; Producerin: Caroline Davis; Requisite: Isolde Bazlen
Umschlaggestaltung und Layout: independent Medien-Design, Horst Moser, München
Produktion: Renate Hutt
Satz: Bernd Walser Buchproduktion, München
Reproduktion: Repro Ludwig, Zell am See
Druck: Firmengruppe APPL, aprinta druck, Wemding
Bindung: Firmengruppe APPL, m.appl, Monheim
Printed in Germany

ISBN 978-3-8338-1666-6

1. Auflage 2010

GRÄFE UND UNZER

Ein Unternehmen der
GANSKE VERLAGSGRUPPE